AF282100

Seguridad y tecnología 5G

Yolanda López Benítez

ic editorial

Seguridad y tecnología 5G
© Yolanda López Benítez

1ª Edición

© IC Editorial, 2025

Editado por: IC Editorial
c/ Cueva de Viera, 2, Local 3
Centro Negocios CADI
29200 Antequera (Málaga)
Teléfono: 952 70 60 04
Fax: 952 84 55 03
Correo electrónico: iceditorial@iceditorial.com
Internet: www.iceditorial.com

ISBN: 978-84-1184-994-4
Depósito Legal: MA 1191-2025

Impresión: PODiPrint
Impreso en Andalucía – España

Nota de la editorial: IC Editorial pertenece a Innovación y Cualificación S. L.

Índice

OBJETIVOS GENERALES

Los objetivos generales de **Seguridad y tecnología 5,** son:

- ⮕ Definir los fundamentos de un sistema de gestión de seguridad de la información, identificando las características que definen el 5G y su aplicación.
- ⮕ Mejorar la seguridad en todas las etapas del ciclo de vida de los sistemas de información desde el análisis hasta la implantación, a través de las medidas de seguridad adecuadas.
- ⮕ Adquirir un conocimiento integral sobre la tecnología y servicios del 5G, comprendiendo su historia, evolución, oportunidades de mercado, aplicaciones, casos de uso y su impacto en el teletrabajo y el puesto de trabajo digital.

Aproximación a la seguridad en los sistemas de información

Contenido

Objetivos

El objetivo general de esta Unidad de Aprendizaje es:

→ Mejorar la seguridad en todas las etapas del ciclo de vida de los sistemas de información desde el análisis hasta la implantación, a través de las medidas de seguridad adecuadas.

Los objetivos específicos de esta Unidad de Aprendizaje son:

→ Garantizar la seguridad en el análisis de sistemas de información mediante la identificación de posibles amenazas y vulnerabilidades en la fase de planificación del sistema y la adopción de medidas para mitigar estos riesgos.

→ Mejorar la seguridad en el diseño de sistemas de información mediante la adopción de un enfoque centrado en la seguridad en la fase de diseño, lo que incluye la identificación de posibles amenazas y vulnerabilidades, así como la adopción de medidas para mitigar estos riesgos.

→ Fortalecer la seguridad en la codificación de sistemas de información mediante la implementación de técnicas y buenas prácticas de codificación segura para prevenir vulnerabilidades y evitar la explotación de posibles brechas de seguridad.

→ Implementar medidas de protección en la fase de definición de requisitos del sistema para asegurar la autenticidad y confidencialidad en una aplicación.

→ Garantizar la seguridad en las pruebas de sistemas de información mediante la realización de pruebas de seguridad exhaustivas y la adopción de medidas de corrección adecuadas en caso de que se encuentren vulnerabilidades de seguridad.

→ Mejorar la seguridad en la etapa de implantación de sistemas de información mediante la adopción de medidas de seguridad adecuadas, incluyendo la configuración segura del sistema y la implementación de medidas de seguridad para proteger el sistema de posibles amenazas y vulnerabilidades.

1. Introducción

En el ámbito de la seguridad informática, la protección de los sistemas de información es un tema de gran importancia. Los sistemas de información son vulnerables a diferentes tipos de amenazas y ataques que pueden afectar gravemente a la integridad, confidencialidad y disponibilidad de la información. Por lo tanto, es esencial que las personas usuarias de tecnologías y las organizaciones adopten medidas de seguridad adecuadas durante todo el ciclo de vida de un sistema de información, desde el análisis hasta su implantación.

La seguridad presenta diferentes etapas del ciclo de vida de un sistema de información: seguridad en el análisis, diseño, codificación, pruebas y etapa de implantación. Cada una de estas etapas contiene sus propias amenazas y vulnerabilidades de seguridad, por lo que es necesario implementar las medidas adecuadas en cada una de ellas para asegurarlas.

Es importante conocer cada una de estas etapas del ciclo de vida de los sistemas de información con el objetivo de comprender mejor los desafíos de seguridad asociados a cada una de ellas y las medidas de seguridad adecuadas que se pueden adoptar para mitigar todos los riesgos asociados.

Para facilitar el aprendizaje se tomará como ejemplo la historia de un grupo de amigos amantes de la tecnología y de la programación decididos a emprender un proyecto de alta dimensión.

2. Conocimiento y aplicación de la seguridad en análisis de sistemas de información

👉 **HILO CONDUCTOR**

Marta, Carlos, Ana y Luis son un grupo de amigos que comparten una pasión común: la programación y la tecnología. Siempre estaban al tanto de las últimas tendencias en desarrollo de *software* y soñaban con crear su propia aplicación innovadora que pudiera marcar la diferencia en el mundo digital. Sin embargo, antes de embarcarse en su gran proyecto, se dieron cuenta de que necesitaban partir de una base sólida en cuanto a la seguridad de los sistemas de información. Sabían que la protección de los datos, la confidencialidad y la

Continúa en página siguiente >>

<< Viene de página anterior

integridad eran aspectos fundamentales que debían considerar desde el inicio de su proceso de desarrollo.

- -

Desde el contexto de la seguridad, la **información** se refiere a un conjunto de datos que tienen un valor para una organización o individuo y que deben ser protegidos de posibles amenazas o riesgos como accesos no autorizados, modificaciones no deseadas, pérdidas o daños.

NOTA

La seguridad de la información se basa en una serie de principios fundamentales que deben tenerse en cuenta para garantizar que los datos están protegidos de forma adecuada.

- -

La **seguridad de la información** se ocupa de proteger la **confidencialidad, integridad y disponibilidad** de la información (principios de la seguridad de la información), asegurando que los datos estén protegidos contra cualquier amenaza o riesgo que pueda comprometer su seguridad.

VÍDEO

Escanea el siguiente QR, para acceder a un vídeo en el que se explican algunos conceptos importantes relacionados con los principios de la seguridad

Continúa en página siguiente >>

<< Viene de página anterior

informática. El objetivo de este vídeo es dar a conocer enfoques de la seguridad de la información para poder comenzar a tener una empresa cibersegura, o bien navegar por el ecosistema digital a nivel de usuario con criterios sólidos de seguridad.

https://redirectoronline.com/ifcd990101

 ACTIVIDAD COMPLEMENTARIA

1. Visiona el siguiente vídeo escaneando el QR y reflexiona sobre si las personas y las empresas están preparadas para afrontar eficientemente la seguridad de la información.

https://redirectoronline.com/ifcd990100

Considera factores como la conciencia sobre la seguridad de la información, las medidas de protección implementadas, la capacitación y la formación del personal, además de la capacidad de respuesta frente a los ciberataques.

2.1. Principios de la seguridad de la información

A continuación, podrás saber más de cada uno de los principios que rigen la seguridad de la información pulsando en cada apartado:

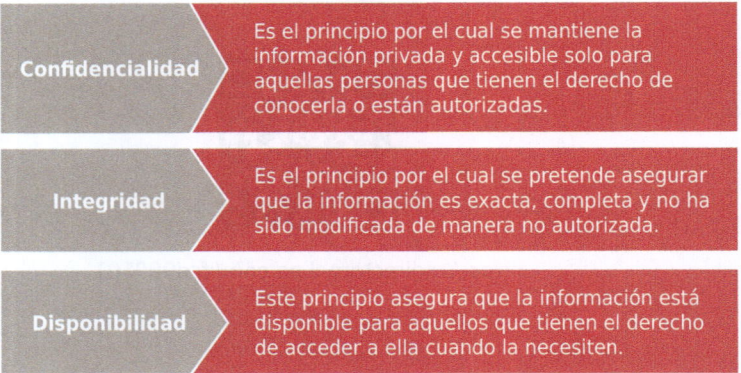

Confidencialidad — Es el principio por el cual se mantiene la información privada y accesible solo para aquellas personas que tienen el derecho de conocerla o están autorizadas.

Integridad — Es el principio por el cual se pretende asegurar que la información es exacta, completa y no ha sido modificada de manera no autorizada.

Disponibilidad — Este principio asegura que la información está disponible para aquellos que tienen el derecho de acceder a ella cuando la necesiten.

2.2. Medida de seguridad proactiva

La **doble autenticación,** también conocida como autenticación de **dos factores (2FA),** es una medida de seguridad activa que permite mejorar la seguridad de la información en un sistema. Podría ser un buen ejemplo de medida para ser implementada en la fase de análisis del sistema de información, concretamente en la etapa de definición de los requisitos del sistema, debido a sus beneficios en términos de protección de la identidad y la confidencialidad de los datos.

La doble autenticación, o *Two-Factor Authentication,* consiste en requerir al usuario que proporcione dos formas diferentes de verificación de su identidad para acceder a un sistema o una aplicación. Generalmente, se utiliza una combinación de algo que el usuario sabe (como una contraseña) y algo que el usuario posee (como un código enviado a su teléfono móvil). Esta combinación de factores brinda una capa adicional de seguridad, ya que incluso si un atacante logra obtener las credenciales de inicio de sesión del usuario, por ejemplo mediante un ataque de *phishing,* no podrá acceder a la cuenta sin el segundo factor de autenticación.

IMPORTANTE

La implementación de la doble autenticación en la fase de análisis del sistema de información y en la definición de los requisitos del sistema es crucial, porque permite considerarla como un requisito de seguridad fundamental desde las etapas iniciales del proyecto de desarrollo de *software*. Al incluir esta medida en los requisitos del sistema, se garantiza que se le dará prioridad durante todo el ciclo de vida del desarrollo, desde el diseño hasta la implementación.

La **doble autenticación** mejora la seguridad de la información de diversas maneras. Descubre a continuación en qué se basa esta afirmación:

Protección contra contraseñas débiles o robadas
Al requerir un segundo factor de autenticación, se reduce la dependencia exclusiva de las contraseñas, que pueden ser vulnerables a ataques de fuerza bruta o ser comprometidas. Esto aumenta la dificultad para que los atacantes accedan a las cuentas incluso si obtienen las contraseñas.

Prevención del acceso no autorizado
La doble autenticación garantiza que solo las personas autorizadas, que posean los factores de autenticación adicionales, puedan acceder al sistema. Esto reduce el riesgo de que individuos no autorizados obtengan acceso a información confidencial o realicen acciones maliciosas.

Refuerzo de la seguridad en dispositivos móviles
Dado que la mayoría de las personas llevan consigo sus teléfonos móviles, la doble autenticación aprovecha estos dispositivos como una segunda capa de seguridad. Utilizando aplicaciones de autenticación o mensajes de texto se mejora la seguridad en un dispositivo que, generalmente, está en posesión de las personas usuarias.

En conclusión, se puede afirmar que la doble autenticación es una medida de seguridad activa que mejora la protección de la información al requerir múltiples factores para verificar la identidad del usuario. Su implementación en la fase de análisis del sistema de información, especialmente en la definición de los requisitos del sistema, permite garantizar que la seguridad sea un componente integral del proyecto de desarrollo de *software* desde sus etapas iniciales. Esto contribuye a proteger la confidencialidad, integridad y disponibilidad de la información en el sistema, mitigando riesgos de acceso no autorizado y protegiendo la identidad de los usuarios.

2.3. Autenticidad y no repudio

Es importante destacar que, además de la confidencialidad, integridad y disponibilidad, la seguridad de la información se basa en otros fundamentos por los que los activos de información puedan estar mejor protegidos. Estos son la **autenticidad** y el **no repudio.**

Veamos qué significa cada concepto:

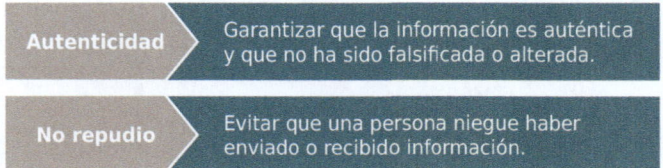

Autenticidad	Garantizar que la información es auténtica y que no ha sido falsificada o alterada.
No repudio	Evitar que una persona niegue haber enviado o recibido información.

El siguiente ejemplo muestra cómo es posible identificar posibles amenazas y vulnerabilidades en la fase de planificación de un sistema de información, de tal manera que estas circunstancias pueden poner en peligro la **confidencialidad, disponibilidad, integridad, autenticación** y **no repudio.** Además, se podrá descubrir qué medidas se pueden adoptar para mitigar esos riesgos.

◉ EJEMPLO

Imagina que una empresa quiere implementar un sistema de gestión de nóminas para su personal. En la fase de planificación se pueden identificar posibles amenazas y vulnerabilidades que pongan en peligro la confidencialidad, integridad y disponibilidad de los datos, así como la autenticación y no repudio de las transacciones. Algunos ejemplos de riesgos pueden ser:

• Amenazas externas: un *hacker* podría acceder al sistema y robar información confidencial, como los datos de los empleados y sus salarios.

Continúa en página siguiente >>

<< Viene de página anterior

- Amenazas internas: un empleado con intenciones maliciosas podría acceder a información sin autorización, como los datos de las nóminas de otros compañeros.
- Vulnerabilidades del sistema: el sistema podría tener vulnerabilidades de seguridad que permitan a un atacante comprometer la integridad o disponibilidad de los datos.
- Fallos técnicos: un fallo técnico en el sistema podría impedir el acceso a la información de nóminas en un momento crítico, como el pago de salarios.

Para **mitigar estos riesgos,** se pueden adoptar medidas como:

- Implementar una autenticación sólida, como contraseñas fuertes, una autenticación de dos factores o una autenticación biométrica para evitar accesos no autorizados al sistema.
- Limitar los permisos de acceso a los datos, de modo que solo los empleados que necesitan acceder a los datos de las nóminas tengan permiso para hacerlo.
- Realizar pruebas de penetración en el sistema para identificar vulnerabilidades y corregirlas antes de que puedan ser explotadas por un atacante.
- Implementar copias de seguridad y planes de contingencia para garantizar la disponibilidad de la información de nóminas en caso de un fallo técnico o un desastre natural.

APLICACIÓN PRÁCTICA

A continuación, se presentan varios ejemplos en los que tienes que relacionar su definición con el correspondiente concepto (disponibilidad, integridad, no repudio, confidencialidad, autenticidad):

1. **Capacidad de demostrar que una entidad ha realizada una acción y no puede negar haberla hecho. Ejemplo: un sistema de firma electrónica que proporciona un registro y la hora de la firma para asegurar que el firmante no pueda negar haber firmado el documento.**
2. **Protección de la información para asegurar que no se haya alterado ni modificado sin autorización. Ejemplo: un sistema de facturación electrónica que impide que los usuarios puedan modificar o alterar el monto de las facturas emitidas.**

Continúa en página siguiente >>

<< Viene de página anterior

3. **Protección de la información, de tal manera que solo puedan acceder a ella las personas autorizadas.** Ejemplo: un sistema de gestión de citas médicas donde solo los pacientes pueden acceder a su información personal y médica.
4. **Se refiere a la capacidad de verificar que una entidad es quien dice ser.** Ejemplo: un sistema de banca en línea que requiere que los usuarios ingresen un código de seguridad único para confirmar que son ellos los que realizan una transacción.
5. **Garantía de que la información y los recursos estén disponibles para los usuarios autorizados cuando los necesiten.** Ejemplo: un sistema de reserva de vuelos que permite a los usuarios reservar un vuelo en línea en cualquier momento.

Solución

Las respuestas serían:

1. No repudio
2. Integridad
3. Confidencialidad
4. Autenticidad
5. Disponibilidad

En conjunto, todos estos conceptos proporcionan un enfoque holístico para proteger la información y los datos. La confidencialidad asegura que la información solo sea accesible para aquellos autorizados a verla, la integridad garantiza que la información no sea alterada o modificada sin autorización, la disponibilidad garantiza que la información y los recursos estén disponibles para los usuarios autorizados cuando los necesiten, y la autenticidad es el principio que verifica que una entidad o un usuario sea quien dice ser.

- -

2.4. Ciclo de vida del desarrollo de sistemas de información

El **ciclo de vida del desarrollo de sistemas de información** es un proceso utilizado en la creación de sistemas de información. Este procedimiento se divide en diferentes tramos que se ejecutan secuencialmente y que abarcan desde la concepción del sistema hasta su implementación y mantenimiento.

Seguidamente, se mostrarán las diferentes fases que componen el ciclo de vida del desarrollo de sistemas de información:

Análisis

En esta primera etapa se definen los requisitos del sistema y se identifican las necesidades del usuario.

Diseño

En esta segunda fase se define la arquitectura del sistema, se especifican los componentes y se establecen las funcionalidades que se deben implementar.

Implementación

En esta tercera fase se desarrolla el *software* y se llevan a cabo las pruebas necesarias para garantizar que el sistema funciona correctamente.

Pruebas

En esta cuarta etapa se llevan a cabo pruebas de aceptación y se comprueba que el sistema cumple con los requisitos y especificaciones definidos previamente.

Implantación

En esta quinta fase se instala el sistema y se pone en marcha en el entorno de producción.

Mantenimiento

Finalmente, en la última fase, se realizan tareas de mantenimiento y se resuelven los problemas que puedan surgir durante la operación del sistema. Conjunto de procesos que tiene como finalidad la protección (acceso, uso, divulgación, interrupción o destrucción no autorizada) con independencia del lugar que se utilice para almacenarla y distribuirla.

Cada una de las fases del ciclo de vida del desarrollo de sistemas de información es clave para el éxito del proyecto. La seguridad en cada escalón es fundamental para garantizar que el **sistema de información** se desarrolle de forma segura y sin vulnerabilidades que puedan ser explotadas posteriormente.

Un sistema de información puede estar compuesto por los siguientes elementos:

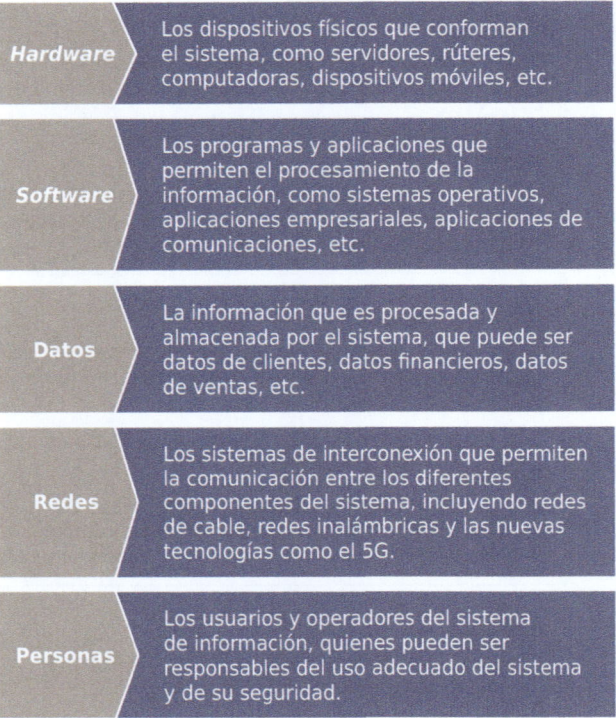

 **IMPORTANTE**

Es importante destacar que los sistemas de información basados en el 5G incluyen una nueva tecnología de comunicación inalámbrica de alta velocidad. Esto concede una mayor conectividad y un procesamiento de datos más rápido y eficiente, lo que, a su vez, permitirá nuevas aplicaciones y el crecimiento de nuevos servicios *online*.

Antes de seguir avanzando es importante explicar qué es un **sistema de información.**

 **DEFINICIÓN**

Sistema de información

Hace referencia a un conjunto de componentes interrelacionados que trabajan juntos para recopilar, procesar, almacenar y distribuir información con el fin de apoyar en la toma de decisiones, la coordinación y el control en una organización.

Los sistemas de información pueden ser manuales o automatizados, y pueden ser manuales o automatizados, y pueden ser utilizados para manejar datos estructurados (como números y fechas) o no estructurados (como texto y archivos multimedia).

En general, un sistema de información consta de cuatro componentes principales: entrada (entrada de datos), procesamiento (transformación de datos en información), salida (presentación de información procesada) y almacenamiento (almacenamiento de datos de información).

Los sistemas de información pueden utilizarse en cualquier tipo de organización para ayudar en la toma de decisiones estratégicas y para coordinar y controlar todas las actividades.

 **EJEMPLO**

Algunos ejemplos de sistemas de información incluyen sistemas de gestión de inventarios, sistemas de nómina, sistemas de gestión de proyectos y sistemas de gestión de relaciones con la clientela.

Como se ha descrito anteriormente, un sistema de información está compuesto de elementos tan conocidos como: *hardware, software,* datos, redes y personas. En base a ello, se identifican vulnerabilidades que pueden presentar cada uno de estos elementos a través de sencillos ejemplos, de tal manera que, conociéndolos, sea posible anticiparse y mitigar ciertos riesgos cibernéticos con medidas de seguridad.

A continuación, se presentan algunos ejemplos de posibles vulnerabilidades asociadas a cada parte que conforma un sistema de información:

- **Hardware.** Los dispositivos pueden ser dañados por el uso inadecuado, desastres naturales, fallos de suministro eléctrico, etc.
  Por ejemplo, un fallo en el sistema de alimentación eléctrica puede provocar una interrupción en la energía que dañe los discos duros del servidor de una empresa.
- **Software.** Los errores de programación pueden ser aprovechados por atacantes para explotar sus vulnerabilidades.
  Por ejemplo, una vulnerabilidad en un sistema de gestión de contenidos puede permitir a un atacante acceder a información confidencial de la organización.
- **Datos.** La exposición indebida de información puede llevar a la pérdida de la confidencialidad.
  Por ejemplo, un empleado puede enviar por error un correo electrónico con información sensible a un destinatario incorrecto.
- **Redes.** Las redes pueden ser vulnerables a ataques de denegación de servicio (DDoS) o intrusiones no autorizadas.
  Por ejemplo, una red inalámbrica mal configurada puede permitir a un atacante obtener acceso a la red interna de una organización.
- **Personas.** Los empleados pueden ser vulnerables a ataques de ingeniería social, *phishing,* etc.
  Por ejemplo, un atacante puede enviar un correo electrónico de *phishing* que parezca legítimo y que solicite al destinatario que revele sus credenciales de inicio de sesión.

 IMPORTANTE

Es importante que las organizaciones implementen medidas de seguridad adecuadas para cada uno de estos elementos, como controles de acceso físico y lógico, copias de seguridad regulares, actualizaciones de *software,* etc. De esta manera, se pueden reducir los riesgos y aumentar las garantías de seguridad del sistema de información en su conjunto.

Fase 1. Análisis del sistema de información

El **análisis de sistemas de información** es la **primera etapa en el ciclo de vida del desarrollo de sistemas de información.** En esta fase inicial se lleva a cabo una serie de trabajos que se definen a continuación:

1. **Se definen los requisitos del sistema.** Es el proceso de identificar y establecer las necesidades y expectativas del usuario final y los objetivos del sistema que se van a desarrollar. Es un proceso crítico en donde los requisitos pueden ser funcionales o no funcionales.

   Los requisitos funcionales describen las funcionalidades que el sistema debe ofrecer.

   Mientras que los requisitos no funcionales se refieren a otros aspectos del sistema, como la usabilidad, la seguridad, el rendimiento y la escalabilidad.

   Por ejemplo, en el desarrollo de un sistema de gestión de inventario para una tienda, algunos requisitos funcionales podrían ser la capacidad de realizar un seguimiento de los niveles de inventario, la capacidad de realizar pedidos automáticamente cuando los niveles de inventario son bajos, y la capacidad de generar informes de inventario. Algunos requisitos no funcionales podrían ser: la facilidad de uso del sistema para el personal de la tienda, la seguridad del sistema para proteger la información confidencial del inventario y el rendimiento del sistema para garantizar que el proceso de inventario no se vea afectado negativamente por el sistema.

   Definir los requisitos del sistema es fundamental para el éxito del proyecto y para garantizar que el sistema desarrollado cumpla con las expectativas del usuario final. Además, ayuda a evitar problemas y costosos cambios durante las fases posteriores del ciclo de vida del desarrollo de sistemas de información.

2. **Se identifican las necesidades del usuario.** Consiste en comprender las necesidades, expectativas y objetivos del usuario final del sistema que se va a desarrollar.

   Por ejemplo, en el desarrollo de un sistema de reservas de viajes *online,* algunas necesidades del usuario podrían ser la capacidad de buscar y reservar vuelos, hoteles y coches de alquiler de manera rápida y fácil, la posibilidad de ver reseñas y puntuaciones de otros usuarios para tomar decisiones con más nivel de información, y la facilidad de uso y navegación del sitio web.

   Para identificar estas necesidades se pueden utilizar técnicas como entrevistas, encuestas, grupos focales y observación directa de los usuarios en su entorno de trabajo. Es importante involucrar a los usuarios finales en este proceso para asegurarse de que el sistema desarrollado cumpla con estas necesidades y expectativas.

   Identificar las necesidades del usuario es fundamental para el éxito del proyecto, ya que ayuda a garantizar que el sistema desarrollado sea útil y relevante para el usuario final y cumpla con los objetivos del proyecto. También ayuda a evitar costosos cambios y retrasos en las fases posteriores del ciclo de vida del desarrollo de sistemas de información.

3. **Se establecen los objetivos y metas que el sistema debe cumplir.** Es un proceso fundamental en la fase de análisis del ciclo de vida del desarrollo de sistemas de información, y consiste en definir claramente lo que se espera que el sistema haga y cómo se medirá su éxito.

Por ejemplo, en el desarrollo de un sistema de gestión de inventario para una empresa minorista algunos objetivos y metas podrían ser:

◑ Aumentar la eficiencia en la gestión de inventario en un 20 %.
◑ Reducir las pérdidas de inventario en un 10 %.
◑ Proporcionar informes de inventario en tiempo real para la toma de decisiones de gestión.

Establecer estos objetivos y metas permite al equipo de desarrollo del sistema entender claramente lo que se espera del sistema y cómo se medirá su éxito. También ayuda a asegurar que el sistema cumpla con las necesidades y expectativas del usuario final.

Una vez establecidos los objetivos y metas se pueden utilizar técnicas como la revisión de la literatura, la observación del trabajo y la consulta con expertos en el campo para asegurarse de que sean realistas y alcanzables. Es importante garantizar que los objetivos sean claros, específicos, medibles, alcanzables, relevantes y con un plazo determinado para su cumplimiento (conocidos como los criterios SMART).

 **NOTA**

El acrónimo SMART es una herramienta que se utiliza habitualmente para establecer objetivos y metas de manera efectiva.

SMART (acrónimo en inglés) se compone de las siguientes letras, que representan las características esenciales que deben cumplir los objetivos o las metas:

• Específico *(Specific)*: el objetivo debe ser claro y concreto, describiendo lo que se quiere lograr de manera detallada y precisa.
• Medible *(Measurable)*: el objetivo o la meta debe ser cuantificable, de tal forma que se puedan establecer indicadores para medir su avance y éxito.
• Alcanzable *(Attainable)*: el objetivo debe ser realista y alcanzable, teniendo en cuenta los recursos y capacidades disponibles para lograrlo.

Continúa en página siguiente >>

<< Viene de página anterior

- Relevante *(Relevant)*: el objetivo debe ser alineado con los objetivos y estrategias generales de la organización o proyecto, y ser importante para el logro de los mismos.

Con plazo determinado *(Time-bound):* el objetivo marcado debe tener un plazo específico para su cumplimiento, de tal forma que se puedan establecer fechas límite para su consecución.

La utilización de los criterios SMART permite establecer objetivos de forma efectiva, facilitando su seguimiento y evaluación en el proceso de desarrollo de sistemas de información.

Como se ha explicado en líneas anteriores, es en esta primera etapa del ciclo de vida del desarrollo de sistemas de información donde se establecen los procesos y funcionalidades que deben ser implementados en el sistema para cumplir con los objetivos de este. También es en esta etapa inicial donde se identifican los **riesgos** y **amenazas** de seguridad que pueden afectar al sistema en un futuro.

En el contexto de la seguridad de la información, los términos "riesgos" y "amenazas" se utilizan para describir situaciones que pueden poner en peligro la seguridad de los datos. Aunque a menudo se utilizan indistintamente, tienen significados diferentes:

Amenazas	Hace referencia a cualquier situación o evento que pueda causar daño a la información o a los sistemas que la manejan. Las amenazas pueden provenir tanto de fuentes internas (como el personal de la organización) como externas (como *hackers* o virus informáticos). Ejemplos de amenazas pueden incluir *malware*, ataques de denegación de servicio, robo de datos, etc.
Riesgos	Son las probabilidades de que una amenaza se convierta en realidad y cause daño a la información o a los sistemas que la manejan. El riesgo se puede medir evaluando la probabilidad de una amenaza y el impacto potencial que tendría si se produjera.

👁 EJEMPLO

Imagina que una empresa tiene un sistema de correo electrónico que utiliza para comunicarse internamente con el personal y con su clientela. Un día, varios empleados reciben correos electrónicos fraudulentos que parecen ser enviados por un cliente de la empresa, a través de los cuales se solicita que el personal proporcione sus credenciales de inicio de sesión, es decir, el acceso a los recursos empresariales.

Estos correos electrónicos recibidos son en realidad un ataque de *phishing*, diseñado para engañar a los empleados y robar de esta manera las credenciales de acceso al correo corporativo. Si un empleado cae en la trampa de esta amenaza cibernética y proporciona dicha información, el atacante podría acceder al sistema de mensajería de la empresa y a toda la información confidencial o comunicaciones que contiene dicha aplicación.

En el ejemplo anterior, la amenaza es el ataque de *phishing* por correo electrónico. El riesgo asociado con esta amenaza dependerá de factores como: la cantidad de correos electrónicos fraudulentos que se envían, la calidad de la formación en seguridad de los empleados y el acceso que tendría el atacante a la información confidencial si lograra robar las credenciales. La evaluación del riesgo es importante para que la empresa pueda tomar medidas para mitigar la amenaza, como la implementación de medidas de seguridad adicionales, la autenticación multifactorial, la formación del personal sobre los peligros del *phishing* y la implementación de políticas de seguridad de correo electrónico mucho más estrictas.

Dicho todo lo anterior, hay que entender que la seguridad en el análisis de sistemas de información es de vital importancia para garantizar la protección adecuada de los activos de información.

IMPORTANTE

Si los requisitos y las funcionalidades del sistema no se han definido adecuadamente, el sistema de información puede ser vulnerable a diversos tipos de ataques, así como ser una fuente de amenazas de seguridad.

Un sistema de información es vulnerable cuando presenta debilidades o faltas que lo hacen susceptible a ser atacado o comprometido por parte de amenazas externas o internas. Lo cual quiere decir que hay una posibilidad de que la seguridad del sistema pueda ser comprometida o violada, pudiendo conducir a la pérdida, robo o divulgación no autorizada de información confidencial, interrupciones en la disponibilidad del sistema o daños a la integridad de la información.

IMPORTANTE

Un sistema de información vulnerable podría ser explotado por ciberdelincuentes o *hackers* con malas intenciones para obtener acceso no autorizado a información valiosa, o para realizar acciones malintencionadas en contra de la organización, de sus usuarios o de la clientela. Por lo tanto, es importante que las organizaciones identifiquen y aborden las vulnerabilidades en sus sistemas de información, evitando así riesgos innecesarios y garantizando la seguridad de sus activos de información.

Una vez comprendidos los conceptos, riesgos, amenazas y vulnerabilidades, es fácil llegar a la conclusión de la importancia de implementar medidas de seguridad adecuadas durante el análisis de los sistemas de información. Esto se hace con el objetivo de garantizar que el sistema se diseñe y se implemente con la seguridad adecuada desde el principio. Por lo tanto, la seguridad en esta etapa del ciclo de vida del sistema es fundamental para garantizar que el sistema se desarrolla desde el inicio de forma segura y sin vulnerabilidades de seguridad que pudieran ser explotadas con posterioridad.

En el ámbito de la seguridad de la información, la información se considera un activo valioso que debe ser protegido adecuadamente para evitar cualquier daño o perjuicio a la organización o individuo que la posee y gestiona.

Fase 2. Diseño del sistema de información

La **fase de diseño** es la **segunda etapa del ciclo de vida del desarrollo de sistemas de información.** En esta etapa se utiliza la información recopilada durante la fase de análisis para **diseñar la estructura y el funcionamiento del sistema.**

IMPORTANTE

El objetivo principal de esta etapa es crear un diseño lógico y físico del sistema de información que cumpla con los requisitos y necesidades de los usuarios y de la organización en su conjunto.

Veamos a continuación a qué se hace referencia cuando se nombra la parte lógica y física de un sistema de información:

⮑ **Diseño lógico.** El diseño lógico de un sistema de información hace referencia a la estructura y al comportamiento lógico del sistema, es decir, cómo se organizarán y relacionarán los componentes lógicos del sistema.

Este diseño se centra en la funcionalidad del sistema y en cómo se cumplirán los requisitos del usuario y de la organización.
Los componentes lógicos de un sistema de información incluyen:

- Datos: es la información que se almacena y procesa en el sistema.
- Procesos: son las operaciones que se realizan con los datos, como la entrada, el procesamiento y la salida.
- Interfaces: son los puntos de interacción entre el usuario y el sistema, como pantallas de entrada y salida, botones, menús y formularios.
- Reglas de negocio: son las políticas, procedimientos y reglas que rigen el comportamiento del sistema.
- Estructuras de datos: son las formas en que se organizan los datos, como tablas, archivos y registros.
- Arquitectura del sistema: es la estructura general del sistema, incluyendo la distribución de componentes y la forma en que se comunican entre sí.

Estos componentes lógicos son importantes en el diseño de un sistema de información ya que deben ser coherentes y eficientes para garantizar su correcto funcionamiento.

- **Diseño físico.** Se refiere a la implementación real del sistema, incluyendo la elección de *hardware* y *software* específico, y cómo se conectarán y configurarán los componentes físicos del sistema. Este diseño se centra en los aspectos técnicos y de infraestructura del sistema.
Durante esta segunda fase de diseño, se definen las características y especificaciones técnicas del sistema, así como la arquitectura de *software, hardware* y comunicaciones que se utilizará para su implementación.

NOTA

El diseño de un sistema de información también incluye la creación de prototipos y modelos de prueba para validar el diseño y obtener la retroalimentación de los usuarios. Además, se definen los criterios de seguridad y privacidad para garantizar que el sistema sea seguro y cumpla con las políticas y regulaciones aplicables.

En la fase de diseño del sistema de información, una medida de seguridad de la información que se puede implementar es la **encriptación de datos.**

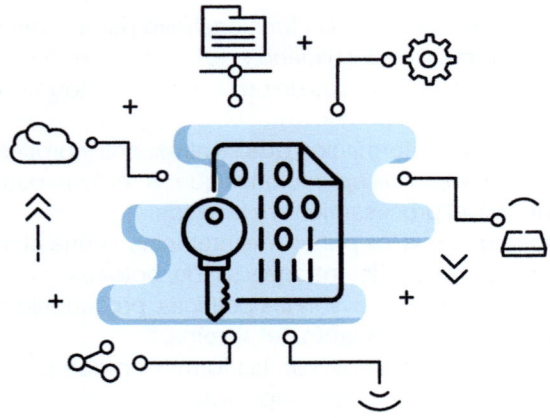

La encriptación es un proceso que convierte la información en un formato ilegible para aquellos que no tienen la clave de desencriptación correspondiente. Es una forma efectiva de proteger la confidencialidad de los datos, especialmente cuando se almacenan o transmiten a través de redes.

 **EJEMPLO**

Un ejemplo práctico sería el diseño de un sistema de almacenamiento en la nube. En esta etapa se puede implementar la encriptación de datos para garantizar que la información almacenada en la nube esté protegida de accesos no autorizados.

Esto implica que antes de que los datos se almacenen en el servidor de la nube, se encriptan utilizando **algoritmos criptográficos** seguros. De esta manera, incluso si alguien obtiene acceso a los datos en la nube, no podrá leer ni comprender su contenido sin la clave de desencriptación adecuada.

Asimismo, en el diseño del sistema se deben considerar aspectos como la gestión de claves, el almacenamiento seguro de las claves de encriptación y la implementación de protocolos de autenticación sólidos para garantizar que solo los usuarios autorizados puedan acceder a los datos encriptados.

Fase 3. Implementación del sistema de información

La **fase de implementación** del sistema de información es la **tercera etapa del ciclo de vida del desarrollo de sistemas de información.** En esta etapa se lleva a cabo la construcción y la implementación del sistema diseñado en la fase anterior. En general, se considera que esta es la etapa más crítica del ciclo de vida del desarrollo de sistemas de información.

Durante la fase de implementación se realizan diversas tareas que quedan establecidas en el orden que se muestra a continuación:

---

1. Construcción del sistema

Se lleva a cabo la programación y el desarrollo del *software* y *hardware* necesarios para que el sistema funcione adecuadamente.

---

2. Pruebas del sistema

Se realizan pruebas exhaustivas para asegurarse de que el sistema funcione correctamente y que cumple con los requisitos especificados en la fase de diseño.

---

3. Instalación del sistema

Una vez que se han completado el desarrollo y las pruebas, el sistema se instala en los servidores y equipos de los usuarios finales.

---

4. Formación de los usuarios

Se proporciona formación a los usuarios finales para que puedan utilizar el sistema correctamente.

---

5. Configuración y personalización del sistema

Se realiza la configuración y personalización del sistema para adaptarlo a las necesidades específicas de la organización.

---

6. Puesta en marcha

Una vez que se han completado todas las anteriores, el sistema se pone en marcha y se empieza a hacer uso de él.

NOTA

Durante la fase de implementación es fundamental asegurarse de que el sistema es seguro y de que está protegido contra amenazas y riesgos de seguridad. Para lograrlo, se deben seguir las mejores prácticas de seguridad de la información e implementar un sistema de seguridad sólido y confiable.

En la fase de implementación del sistema de información, una medida de seguridad de la información que se puede contemplar es la configuración segura de los componentes del sistema. Esto implica aplicar configuraciones y ajustes adecuados para garantizar la seguridad y protección de los datos y recursos del sistema.

EJEMPLO

Un ejemplo práctico sería la implementación de un sistema de gestión de bases de datos en una empresa. Durante la fase de implementación, se deben aplicar medidas de seguridad, como:

- **Configuración segura de la base de datos.** Se deben establecer políticas de seguridad, como la asignación de permisos y privilegios adecuados a los usuarios, restricciones de acceso a la base de datos y encriptación de datos sensibles.
- **Protección contra ataques.** Se deben implementar mecanismos de seguridad para proteger la base de datos contra ataques, como *firewalls,* sistemas de detección y prevención de intrusiones, y protección contra *malware.*
- **Actualizaciones y parches.** Es importante mantener el sistema actualizado con las últimas actualizaciones y parches de seguridad proporcionados por el proveedor de la base de datos. Esto ayuda a cerrar posibles vulnerabilidades conocidas y garantizar un entorno seguro.
- **Auditoría y monitoreo.** Se debe implementar un sistema de auditoría y monitoreo que registre y supervise las actividades en la base de datos. Esto permite detectar cualquier actividad sospechosa o intento de acceso no autorizado.

Todas estas medidas de seguridad ayudan a garantizar que el sistema de gestión de bases de datos esté debidamente protegido contra posibles amenazas

Continúa en página siguiente >>

<< Viene de página anterior

y que los datos de la empresa estén seguros y confidenciales. Es importante considerar estas medidas durante la fase de implementación para establecer una base de sólida de seguridad en el desarrollo del sistema de información.

Fase 4. Pruebas del sistema de información

La **cuarta fase del ciclo de vida del desarrollo de sistemas de información** es la **fase de pruebas.** En esta etapa se realizan diversos ensayos para asegurar que el sistema cumpla con los requisitos establecidos en la fase de definición y los criterios de calidad establecidos en la fase de diseño.

Las pruebas se llevan a cabo en diferentes niveles del sistema, desde las pruebas unitarias de los componentes individuales hasta las pruebas de integración del sistema completo. Se utilizan diferentes **técnicas de prueba** para verificar el rendimiento, la funcionalidad, la seguridad y la compatibilidad del sistema.

De rendimiento
Se utilizan para evaluar la velocidad, la capacidad de respuesta, la escalabilidad y la estabilidad del sistema bajo diferentes cargas de trabajo y situaciones de estrés. Las pruebas de rendimiento pueden incluir pruebas de carga, pruebas de estrés, pruebas de volumen, pruebas de tiempo de respuesta, etc.

De funcionalidad
Se utilizan para verificar que el sistema cumpla con los requisitos funcionales especificados en la fase de definición y la fase de diseño. Las pruebas de funcionalidad se centran en evaluar el comportamiento del sistema ante diferentes entradas y condiciones.

Continúa en página siguiente >>

<< Viene de página anterior

De seguridad
Se utilizan para identificar y evaluar las vulnerabilidades del sistema y su capacidad para resistir ataques y amenazas de seguridad. Las pruebas de seguridad pueden incluir pruebas de penetración, pruebas de intrusión, pruebas de vulnerabilidad, etc.

De compatibilidad
Se utilizan para verificar la capacidad del sistema para funcionar correctamente en diferentes plataformas, dispositivos y entornos de red. Las pruebas de compatibilidad pueden incluir pruebas de interoperabilidad, pruebas de portabilidad, etc.

 **NOTA**

Cada técnica de pruebas se adapta a los objetivos específicos de cada fase del ciclo de vida del desarrollo de sistemas de información, por lo que es importante seleccionar y aplicar la técnica adecuada en caso.

Las pruebas también permiten detectar y corregir errores en el sistema antes de su implementación, lo que reduce los costes y riesgos asociados con la corrección de errores en la fase de operación.

 **IMPORTANTE**

Es clave realizar las pruebas de forma rigurosa y exhaustiva para garantizar que el sistema sea confiable y cumpla con las expectativas del usuario.

Fase 5. Implantación del sistema de información

La **fase de implantación** es la quinta fase del ciclo de vida del desarrollo de sistemas de información, y se refiere al proceso de instalación, configuración y puesta en marcha del sistema en el ambiente de producción. Durante esta fase se llevan a cabo una serie de actividades con el fin de asegurarse de que el sistema esté preparado para funcionar en el entorno en el que se va a utilizar.

La implantación implica varios pasos, incluyendo:

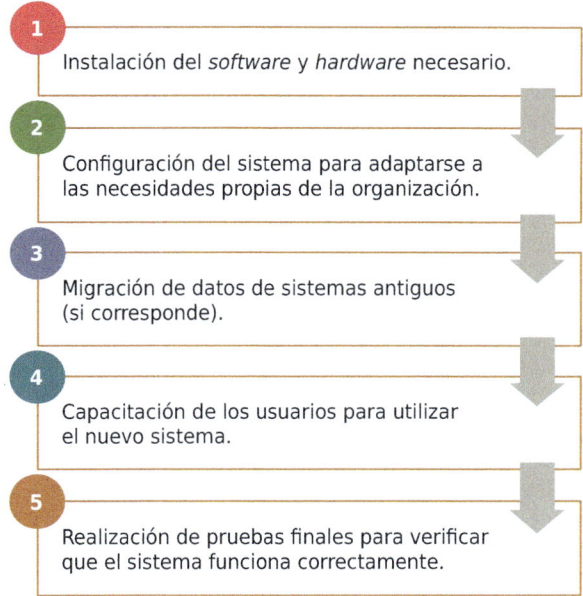

1. Instalación del *software* y *hardware* necesario.

2. Configuración del sistema para adaptarse a las necesidades propias de la organización.

3. Migración de datos de sistemas antiguos (si corresponde).

4. Capacitación de los usuarios para utilizar el nuevo sistema.

5. Realización de pruebas finales para verificar que el sistema funciona correctamente.

 **EJEMPLO**

Imagina que una empresa de ventas de ropa decide implementar un nuevo sistema de información para su negocio. Después de haber pasado por las fases de análisis, diseño, desarrollo y pruebas del sistema llega el momento de la implantación.

Para llevar a cabo la implantación, la empresa podría seguir los siguientes pasos:

1. Preparar el entorno: antes de la instalación del sistema es necesario asegurarse de que el entorno tecnológico esté preparado para la nueva implementación. Esto incluye la instalación de servidores, actualizaciones de *software*, y otros requisitos necesarios.

Continúa en página siguiente >>

<< Viene de página anterior

2. Instalar el *software:* una vez que el entorno está listo, se procede a la instalación del *software* en los equipos y dispositivos necesarios. Es importante asegurarse de que la instalación se realice de forma correcta para evitar problemas futuros.

3. Configuración y personalización: el siguiente paso es configurar y personalizar el sistema para que se adapte a las necesidades de la empresa cuya actividad es comercial. Esto puede incluir la configuración de usuarios y permisos de acceso, instalación de programas específicos de gestión de la clientela, así como la personalización de los campos y pantallas del sistema.

4. Capacitación de los usuarios: una vez que el sistema está instalado y configurado, es importante capacitar al personal para que puedan utilizar el sistema de manera correcta. Esto puede incluir sesiones de entrenamiento, manuales de usuario y otros recursos de apoyo.

5. Pruebas y ajustes: una vez que los usuarios están capacitados, se realizan pruebas adicionales para asegurarse de que el sistema funciona de manera óptima. Si se detectan problemas, se realizan ajustes para corregirlos antes de poner el sistema en producción.

6. Puesta en marcha: finalmente, una vez que el sistema está listo y ha sido probado, se pone en marcha de manera oficial para que la empresa pueda comenzar a utilizarlo en su día a día.

7. Es importante recordar que la implantación de un sistema de información es un proceso complejo que requiere una planificación cuidadosa, además de la coordinación entre los diferentes equipos involucrados. Con una buena planificación y ejecución, la empresa puede asegurarse de que la implantación del nuevo sistema sea exitosa.

Es importante tener en cuenta que la implantación no termina una vez que el sistema está en funcionamiento. Es necesario realizar una supervisión y hacer ajustes si son requeridos y necesarios. Esto es parte del mantenimiento, la última fase del ciclo de vida del desarrollo de sistemas de información.

En la fase de pruebas del sistema de información, una medida de seguridad de la información que se puede contemplar es la **identificación y resolución de posibles vulnerabilidades y brechas de seguridad.**

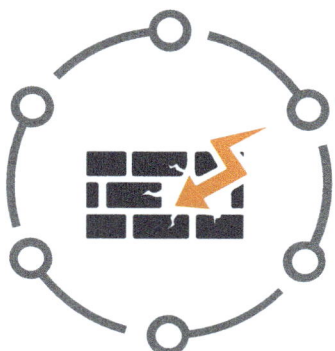

Durante las pruebas se busca detectar y corregir cualquier fallo o debilidad que pueda comprometer la seguridad del sistema.

Una medida específica en esta fase podría ser la realización de **pruebas de penetración,** también conocidas como **pruebas de *hacking* ético.** Estas pruebas simulan ataques cibernéticos para evaluar la resistencia del sistema y descubrir posibles vulnerabilidades. A través de estos ensayos se identifican brechas en la seguridad, como puertos abiertos no autorizados, configuraciones incorrectas o débiles, o vulnerabilidades en el código del *software*.

👁 EJEMPLO

Imagina que se está desarrollando un sistema de gestión de información personal para una organización. Durante las pruebas de penetración, un equipo de seguridad informática simularía un ataque externo e intentaría acceder a la base de datos de información personal. Si logran encontrar una vulnerabilidad, como una inyección de SQL o una autenticación débil, se documentaría y se tomarían medidas para corregir el problema antes de la implementación.

Al mismo tiempo que se llevan a cabo las pruebas de penetración, también se pueden tomar otras medidas de seguridad en la fase de pruebas. Por ejemplo, las pruebas de estrés, que sirven para evaluar la resistencia del sistema ante altas cargas de trabajo o pruebas de compatibilidad, las cuales permiten verificar que el sistema funcione correctamente en diferentes entornos y dispositivos.

Fase 6. Mantenimiento del sistema de información

La **fase de mantenimiento del sistema de información** es la **última fase del ciclo de vida del desarrollo de sistemas de información.** Durante esta fase, el sistema ya está en funcionamiento y se deben realizar acciones de mantenimiento para asegurar que este siga funcionando de manera óptima.

El mantenimiento del sistema de información incluye la corrección de errores, la optimización del rendimiento, la actualización del software y la gestión de cambios. Es importante tener un equipo de mantenimiento capacitado y dedicado que pueda abordar los problemas del sistema y garantizar su continuidad.

 **NOTA**

La fase de mantenimiento también puede incluir la implementación de nuevas funcionalidades y mejoras del sistema para satisfacer las necesidades cambiantes de los usuarios.

En la fase de mantenimiento del sistema de información, una medida de seguridad de la información que se puede aplicar es la **actualización y parcheo de *software.*** Esta medida consiste en mantener el sistema actualizado con las últimas versiones de *software* y aplicar los parches de seguridad que sean necesarios para mantener la aplicación en estado óptimo de seguridad.

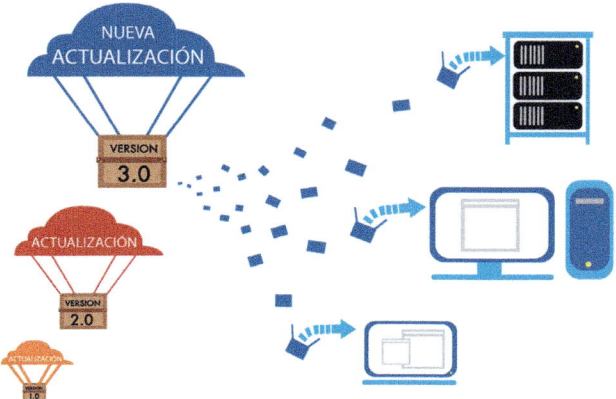

La actualización y parcheo de software es esencial para garantizar que el sistema esté protegido contra las últimas vulnerabilidades y amenazas conocidas. Los desarrolladores y proveedores de software suelen lanzar actualizaciones periódicas que incluyen mejoras de seguridad y correcciones de errores. Al aplicar estas actualizaciones, se cierran posibles brechas de seguridad que podrían ser explotadas por atacantes.

Un ejemplo de esta medida de seguridad sería la actualización regular del sistema operativo utilizado en el sistema de información. Los fabricantes de sistemas operativos, como *Microsoft* con *Windows* o *Apple* con *macOS,* lanzan actualizaciones periódicas que contienen mejoras de seguridad. Al instalar estas actualizaciones se solucionan vulnerabilidades conocidas y se refuerza la seguridad del sistema.

 EJEMPLO

Otro ejemplo sería la actualización de los componentes de *software* utilizados en el sistema, como bibliotecas o *frameworks.* Estos componentes pueden tener vulnerabilidades conocidas que podrían ser explotadas. Mantenerlos actualizados con las últimas versiones y aplicar los parches de seguridad pertinentes es esencial para reducir los riesgos de seguridad.

En el contexto de desarrollo de *software,* las bibliotecas y *frameworks* son conjuntos de códigos predefinidos y funcionalidades que se utilizan para agilizar y facilitar el proceso de desarrollo de aplicaciones.

Continúa en página siguiente >>

<< Viene de página anterior

Una biblioteca es un conjunto de funciones, clases o componentes que se pueden reutilizar en diferentes proyectos. Proporciona una serie de características y utilidades que los desarrolladores pueden utilizar en sus aplicaciones. Las bibliotecas suelen estar escritas en un lenguaje de programación específico y se distribuyen como archivos de código fuente o como archivos binarios.

Por otro lado, un *framework* es un conjunto más completo de herramientas y librerías que proporciona una estructura y una metodología para el desarrollo de aplicaciones.

FRAMEWORK

Un *framework* define una arquitectura básica y establece reglas y convenciones para organizar y escribir el código. Además, incluye una serie de bibliotecas y utilidades que facilitan tareas comunes en el desarrollo de aplicaciones, como el acceso a bases de datos, el manejo de la interfaz de usuario, la gestión de sesiones y la seguridad, entre otros.

Las bibliotecas y *frameworks* son recursos muy útiles para los desarrolladores, ya que permiten aprovechar soluciones previamente desarrolladas, reduciendo el tiempo y esfuerzo requerido para implementar determinadas funcionalidades. Además, su uso favorece la reutilización de código, la consistencia en la estructura del proyecto y la adopción de buenas prácticas de desarrollo.

En el contexto de seguridad de la información, es importante tener en cuenta las actualizaciones de las bibliotecas y *frameworks* utilizados en un sistema, ya que pueden contener vulnerabilidades conocidas. Por eso, es recomendable mantenerse al día con las versiones más recientes y aplicar los parches de seguridad correspondientes para garantizar la protección del sistema contra posibles amenazas.

Además de la actualización y del parcheo de *software,* otras medidas de seguridad que se pueden aplicar en la fase de mantenimiento incluyen **la monitorización continua del sistema** para detectar posibles intrusiones o actividades sospechosas, la realización regular de **copias de seguridad** para proteger los datos en caso de fallos o ataques, y la **gestión adecuada de los permisos y accesos de los usuarios.**

3. Conocimiento y aplicación de la seguridad en el diseño de sistemas de información

 HILO CONDUCTOR

Tras adquirir los fundamentos de la seguridad en el análisis de sistemas de información, nuestro grupo de amigos continuó su viaje hacia el éxito en el desarrollo de su aplicación. Ahora se encontraban en la fase de diseño, donde tenían que tomar decisiones cruciales que influirían en la seguridad de su sistema. Comprendieron rápidamente que la seguridad no podía ser un aspecto secundario en su proyecto. Era necesario contemplar medidas básicas de seguridad en cada etapa del ciclo de vida del desarrollo de su sistema de información. Desde la definición de los requisitos hasta la implementación y el mantenimiento, debían considerar la confidencialidad, la integridad, la disponibilidad y otros aspectos clave de la seguridad.

Conscientes de ello, Marta, Carlos, Ana y Luis se embarcaron en un intenso proceso de diseño, asegurándose de que cada componente, cada función y cada interacción estuvieran protegidos y fueran resistentes a posibles amenazas y vulnerabilidades. Con cada decisión tomada en el diseño de su sistema, el equipo se sentía más confiado y comprometido con la seguridad de la información. Sabían que estaban sentando las bases para un proyecto exitoso y protegido.

Tal y como se ha comentado, la etapa de diseño de sistemas de información es fundamental en el ciclo de vida del desarrollo de sistemas de información, ya que es en este primer escalón donde se establecen las bases para garantizar la seguridad de la información que manejará el propio sistema. En consecuencia, la seguridad debe ser considerada desde el inicio del proceso de diseño, lo cual garantizará que el sistema cumpla con los estándares de seguridad requeridos y minimizará los riesgos de posibles vulnerabilidades en un futuro. Debido a esto, es esencial que las personas encargadas del diseño de sistemas de información tengan un sólido conocimiento en materia de protección de la información y apliquen prácticas de seguridad adecuadas para minimizar los riesgos potenciales.

La seguridad en el diseño de sistemas de información representa un factor decisivo, pues se trata de un proceso que busca garantizar que el diseño de los sistemas esté alineado con los objetivos de seguridad de la organización y que cumpla con los requisitos de seguridad necesarios para proteger la información sensible y crítica de la empresa.

La seguridad, en la etapa de diseño, se enfoca en la identificación de las amenazas, vulnerabilidades y riesgos potenciales que podrían afectar la seguridad de los sistemas de información. A partir de esta identificación se establecen las medidas de seguridad necesarias para mitigar los riesgos y proteger los activos de información.

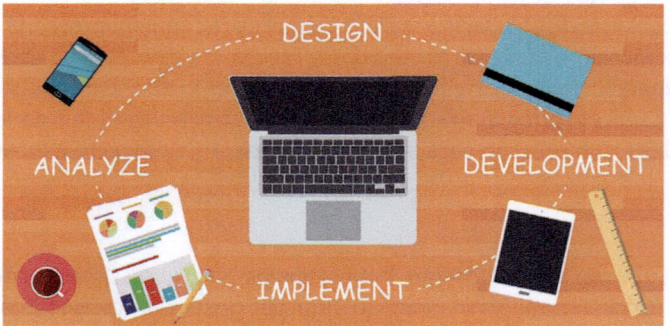

Es importante tener en cuenta que la seguridad no puede ser una ocurrencia tardía en el ciclo de vida del desarrollo de sistemas, sino que debe ser integrada en el proceso desde el inicio.

En la siguiente sección se abordarán los principales aspectos que se deben considerar en relación a la seguridad en el diseño de sistemas de información como, por ejemplo, la **identificación de las amenazas,** la **gestión de riesgos,** la **implementación de medidas de seguridad** y la **validación** de la eficacia de las mismas.

A continuación, se describen unos apartados para saber más sobre estos aspectos:

- **Identificación de los activos críticos de información.** La primera consideración clave en relación con la seguridad en el diseño de sistemas de información es la **identificación de los activos críticos de información** que se deben proteger. Esto incluye la identificación de los datos y sistemas, que son esenciales para el negocio y que podrían ser objetivos de ataques maliciosos. Es importante realizar una evaluación de riesgos para identificar qué datos y sistemas son más valiosos y cuáles son las posibles amenazas y vulnerabilidades que pueden enfrentar. A partir de esta evaluación, se pueden establecer controles de seguridad adecuados para proteger los activos críticos.
- **Implementación de medidas de seguridad adecuadas.** Una vez identificados los activos críticos, es importante implementar medidas de seguridad adecuadas para protegerlos. Esto puede incluir la implementación de controles de acceso para garantizar que solo las personas autorizadas tengan acceso a los sistemas y datos críticos, el cifrado de datos sensibles para protegerlos contra el acceso no autorizado y la implementación de *firewalls* y sistemas de detección de intrusiones para proteger contra ataques externos. También se deben establecer políticas y procedimientos claros para garantizar la seguridad de la información, incluyendo la creación de contraseñas seguras, la concienciación y capacitación del personal en las mejores prácticas de seguridad y la realización de pruebas de penetración regulares para identificar y abordar las posibles vulnerabilidades.
- **Diseño seguro del *software*.** El diseño seguro del *software* es otro aspecto esencial de la seguridad en el diseño de sistemas de información. Esto implica la incorporación de controles de seguridad en el diseño del *software* desde el principio, en lugar de agregarlos más tarde. Los desarrolladores deben estar capacitados en prácticas de seguridad de codificación y deben seguir las mejores prácticas de codificación segura, como el uso de validación de entrada y salida de datos, la verificación de la entrada de datos, la validación de los parámetros de entrada y la autenticación y autorización adecuadas.
- **Mantenimiento y actualización regulares.** La seguridad en el diseño de sistemas de información no es una tarea exclusiva del inicio, sino que debe ser un proceso continuo. Los sistemas y datos críticos deben ser monitoreados regularmente para detectar y abordar posibles amenazas y vulnerabilidades. Además, se deben realizar actualizaciones constantes

para abordar nuevas amenazas de seguridad y garantizar que los sistemas y *software* estén siempre actualizados.

A continuación, se presentan algunas de las consecuencias que podrían desencadenarse si una empresa no le presta atención a la seguridad en la etapa de diseño del ciclo de vida de desarrollo de un sistema de información.

 EJEMPLO

Imagina que una empresa de comercio electrónico está desarrollando un nuevo sistema para el registro de sus clientes y la gestión de sus pedidos. Durante la fase de diseño se presta poca atención a la seguridad del sistema y se enfoca más en la funcionalidad y en la estética. Como resultado, el sistema es lanzado sin las medidas de seguridad adecuadas.

Un grupo de piratas informáticos detecta rápidamente las debilidades del sistema y logra infiltrarse en la base de datos de la empresa, consiguiendo robar información personal y financiera de miles de clientes. La empresa sufre un gran impacto en su reputación y pierde la confianza de su clientela, lo que provoca pérdidas de clientes y una caída considerable de las ventas.

Por si fuera poco, la empresa tendrá que invertir una gran cantidad de recursos en la reparación del sistema y en la mejora de su seguridad, lo que se traducirá en una pérdida económica significativa. Todo esto podría haberse evitado si se hubiera prestado la debida atención a la seguridad durante su fase de diseño.

4. Conocimiento y aplicación de la seguridad en la codificación de sistemas de información

☞ **HILO CONDUCTOR**

Marta, Carlos, Ana y Luis estaban emocionados con el avance de su proyecto. Habían superado la fase de diseño y ahora se adentraban en la codificación de su sistema. Sabían que la seguridad en la codificación era crucial para garantizar que su aplicación fuera resistente a posibles vulnerabilidades y ataques cibernéticos. Comenzaron a investigar sobre las mejores prácticas en seguridad de la información durante el proceso de codificación. Aprendieron sobre técnicas de codificación segura, como la validación de datos de entrada, el uso de parámetros seguros en consultas de bases de datos y la prevención de vulnerabilidades comunes, como inyecciones de código o ataques de *cross-site scripting*.

Para asegurar el seguimiento de estas buenas prácticas, Marta, Carlos, Ana y Luis se informaron sobre las bibliotecas y *frameworks* de seguridad disponibles, que les permitirían implementar medidas de protección en su código de manera más eficiente. Aprendieron a utilizar herramientas de análisis estático y dinámico para identificar posibles vulnerabilidades y corregirlas antes de que su sistema estuviera en producción. Con cada línea de código escrita, el equipo se esforzaba por conseguir que su aplicación fuera robusta y resistente a los posibles ataques. Sabían que la seguridad en la codificación era una responsabilidad compartida y estaban decididos a implementar las medidas adecuadas para proteger la información de sus usuarios.

La **seguridad en la codificación de sistemas de información** hace referencia a las medidas y técnicas que se utilizan para garantizar conceptos ya tratados como la **integridad, confidencialidad** y **disponibilidad** de los datos y sistemas a través de la programación del *software*.

*La **codificación segura** implica la aplicación de buenas prácticas de programación para evitar vulnerabilidades de seguridad que puedan ser explotadas por atacantes. Pero no solo eso, se deben seguir las directrices de seguridad establecidas en la fase de diseño para asegurarse de que el software es seguro y de que cumple con los requisitos de seguridad previamente establecidos.*

A continuación, se describen algunos aspectos clave que se deben considerar en relación con la seguridad en la codificación de sistemas de información:

Validación de entradas
Todas las entradas de datos del usuario deben ser validadas antes de ser procesadas por el sistema. Esto ayuda a prevenir ataques de inyección de código malicioso, como SQL *injection* o *Cross-Site Scripting* (XSS).

Control de acceso
El *software* debe implementar mecanismos de control de acceso para garantizar que solo los usuarios autorizados puedan acceder a los datos y funcionalidades del sistema.

Gestión de sesiones
El *software* debe gestionar correctamente las sesiones de usuario, incluyendo la autenticación y autorización, y asegurándose de que las sesiones se cierren correctamente.

Manejo de errores
El *software* debe estar diseñado para manejar adecuadamente los errores y excepciones. Las respuestas de error no deben dar información sensible del sistema y se deben registrar para su posterior análisis.

Continúa en página siguiente >>

<< Viene de página anterior

Encriptación
Los datos confidenciales deben ser encriptados en todo momento, tanto en el almacenamiento como en la transmisión. Esto ayuda a evitar la exposición de información sensible en caso de que un atacante acceda a los datos.

Pruebas de seguridad
El *software* debe ser sometido a pruebas de seguridad para identificar y corregir vulnerabilidades antes de ser puesto en producción. Estas pruebas pueden ser realizadas por especialistas en seguridad, contratistas externos o mediante el uso de herramientas automatizadas.

IMPORTANTE

En términos generales, la seguridad en la codificación de sistemas de información es un proceso crítico que debe ser integrado desde el inicio del desarrollo del *software* y mantenido a lo largo de toda la vida útil del sistema. La implementación de buenas prácticas de programación y la colaboración entre los equipos de desarrollo y seguridad pueden ayudar a garantizar que el *software* alcance un nivel óptimo de seguridad, protegiendo así los datos y sistemas de la organización.

5. Conocimiento y aplicación de la seguridad en pruebas

 ## HILO CONDUCTOR

El grupo de amigos avanzó confiado en su proyecto de desarrollo de una aplicación segura y confiable, enfrentándose al siguiente desafío con las pruebas de seguridad en su sistema de información. Marta, Carlos, Ana y Luis, entu-

Continúa en página siguiente >>

<< Viene de página anterior

siasmados con los avances en análisis, diseño y codificación, reconocieron la importancia crucial de someter su aplicación a ensayos exhaustivos. Comprendieron que las pruebas eran fundamentales para identificar vulnerabilidades. Utilizaron métodos de penetración, realizaron test de estrés y aprovecharon herramientas automatizadas, corrigiendo y mejorando continuamente la seguridad de su aplicación.

Para todos ellos, las pruebas de seguridad no fueron simplemente un paso aislado, sino un proceso continuo que debía realizarse regularmente para adaptarse a los nuevos riesgos y amenazas emergentes en su viaje emprendedor.

La **seguridad en la etapa de pruebas** es otro de los aspectos críticos para garantizar que el sistema de información cumple con los requerimientos de seguridad y que no presenta vulnerabilidades antes de su implantación. En esta etapa, se deben llevar a cabo pruebas rigurosas para identificar cualquier debilidad o vulnerabilidad del sistema.

Entre los aspectos que se deben considerar en relación con la seguridad en la etapa de pruebas de un sistema de información, se pueden destacar los siguientes:

Selección de las técnicas de pruebas adecuadas
Es importante seleccionar las técnicas de pruebas adecuadas que permitan identificar todas las vulnerabilidades y debilidades del sistema.

Identificación y clasificación de los riesgos de seguridad
Se deben identificar y clasificar los riesgos de seguridad que pueden afectar al sistema. Es importante considerar no solo los riesgos técnicos, sino también los riesgos organizativos y humanos.

Planificación de las pruebas
Se debe planificar cuidadosamente las pruebas a realizar, teniendo en cuenta los objetivos de las pruebas, los requisitos de seguridad, los recursos necesarios y el calendario de las mismas.

Continúa en página siguiente >>

<< Viene de página anterior

Realización de pruebas exhaustivas
Es fundamental realizar pruebas exhaustivas que cubran todos los aspectos del sistema, incluyendo la funcionalidad, el rendimiento, la seguridad y la compatibilidad.

Documentación de los resultados de las pruebas
Se deben documentar los resultados de las pruebas, incluyendo las debilidades y vulnerabilidades identificadas, para poder corregirlas antes de la implantación del sistema.

IMPORTANTE

La seguridad en la etapa de pruebas es fundamental para garantizar que el sistema de información sea seguro antes de su implantación y para minimizar los riesgos de seguridad que puedan afectar a la organización.

6. Conocimiento y aplicación de la seguridad en la etapa de implantación de sistemas de información

HILO CONDUCTOR

Una vez satisfechos con los resultados de las pruebas de seguridad, Marta, Carlos, Ana y Luis se prepararon para la fase final del desarrollo de su sistema de información, que consistiría en la implantación de la aplicación. Llenos de emoción, se dirigían hacia la culminación de meses de arduo trabajo y dedicación, listos para lanzar su producto al mercado digital. Sin embargo, antes de este importante despliegue, reconocieron la importancia crítica de garantizar la seguridad del sistema, conscientes de que un avance descuidado podría poner en riesgo la integridad del proyecto.

La seguridad en la etapa de implantación de sistemas de información debe servir para garantizar que el sistema es implementado de manera segura y que los activos de información del sistema estarán siempre protegidos.

A continuación, se describen algunos aspectos que se deben considerar en esta etapa:

- **Verificación de seguridad en la infraestructura.** Se debe verificar que la infraestructura en la que se va a implantar el sistema sea segura y esté protegida contra posibles ataques externos o internos. Esto incluye la red, los servidores, los dispositivos de almacenamiento y cualquier otro componente que forme parte de dicha infraestructura.
- **Configuración de seguridad.** Es importante configurar adecuadamente la seguridad en los diferentes componentes del sistema de información, incluyendo la configuración de cortafuegos, la asignación de permisos de acceso y la configuración de los protocolos de seguridad.
- **Verificación de la integridad del sistema.** Antes de poner en marcha el sistema, se deben realizar pruebas exhaustivas para verificar que el sistema esté funcionando correctamente y que no haya vulnerabilidades de seguridad que puedan ser explotadas.

La programación en inteligencia artificial y *big data,* principalmente aplicables en entornos 5G, presenta además una serie de desafíos en términos de seguridad que son importantes a tener en cuenta. Algunos de los aspectos a considerar son: la **privacidad de los datos,** los **riesgos de sesgos,** la **propiedad intelectual** y la **ciberseguridad.**

Para saber un poco más sobre ello, lee con atención cada uno de los siguientes apartados:

- **Privacidad de los datos.** Las tecnologías de *big data* y la inteligencia artificial se basan en el análisis de grandes cantidades de datos, lo que puede poner en riesgo la privacidad de los usuarios. Es importante implementar medidas de seguridad para proteger la privacidad de los datos, como la encriptación de los datos sensibles y la implementación de políticas de acceso y uso de datos.
- **Riesgo de sesgos.** Los sistemas de inteligencia artificial pueden estar sesgados por la calidad y cantidad de los datos utilizados en su entrenamiento. Esto puede resultar en decisiones discriminatorias o injustas. Es importante tomar medidas para minimizar estos sesgos, como la selección cuidadosa de los datos de entrenamiento y la monitorización constante de los resultados del sistema.
- **Protección de la propiedad intelectual.** Las tecnologías de *big data* y la inteligencia artificial pueden procesar grandes cantidades de datos, incluyendo información protegida por derechos de propiedad intelectual.

Es importante tomar medidas para proteger estos derechos, como la implementación de medidas de control de acceso y la firma de acuerdos de confidencialidad con los proveedores de datos.

➲ **Ciberseguridad.** El procesamiento de grandes cantidades de datos en entornos 5G puede aumentar la exposición del sistema a amenazas cibernéticas, como el *malware* y los ataques de denegación de servicio (DDoS). Es importante implementar medidas de seguridad para proteger el sistema contra estas amenazas, como el uso de *software* de seguridad y la monitorización constante del sistema.

IMPORTANTE

La seguridad de los sistemas de información en entornos 5G que involucren programación en inteligencia artificial y Big Data es un aspecto crítico que debe ser cuidadosamente considerado y abordado para proteger la privacidad y los derechos de propiedad intelectual de las personas usuarias y minimizar la exposición del sistema a amenazas cibernéticas.

TAREA 1

Carlos es un estudiante de programación apasionado por el desarrollo de aplicaciones móviles. Recientemente, decidió emprender un proyecto personal para desarrollar una aplicación de mensajería segura. Sin embargo, mientras estudia sobre seguridad en los sistemas de información, se da cuenta de que hay una medida de seguridad activa que podría implementar en la fase de análisis del sistema de información, específicamente en la etapa de definición de los requisitos del sistema. Carlos se siente confundido y busca orientación sobre qué medida de seguridad activa sería apropiada para su proyecto. El joven, está

Continúa en página siguiente >>

<< Viene de página anterior

analizando los requisitos de su sistema de mensajería segura y desea implementar una medida de seguridad activa en esta etapa de desarrollo de su proyecto.

En base al enunciado, ¿qué medida de seguridad activa sería apropiada para que Carlos implementara en su proyecto?

---

7. Resumen

El siguiente esquema resume los puntos clave tratados con relación a la seguridad en los sistemas de información. Se abordan diferentes aspectos a considerar en cada etapa del ciclo de vida del desarrollo de sistemas de información, que van desde el análisis hasta la implantación. El objetivo es garantizar la seguridad de la información y proteger los sistemas contra posibles riesgos y amenazas cibernéticas. Este esquema puede ser útil para tener una visión general de los aspectos clave a tener en cuenta en la seguridad de los sistemas de información durante su desarrollo.

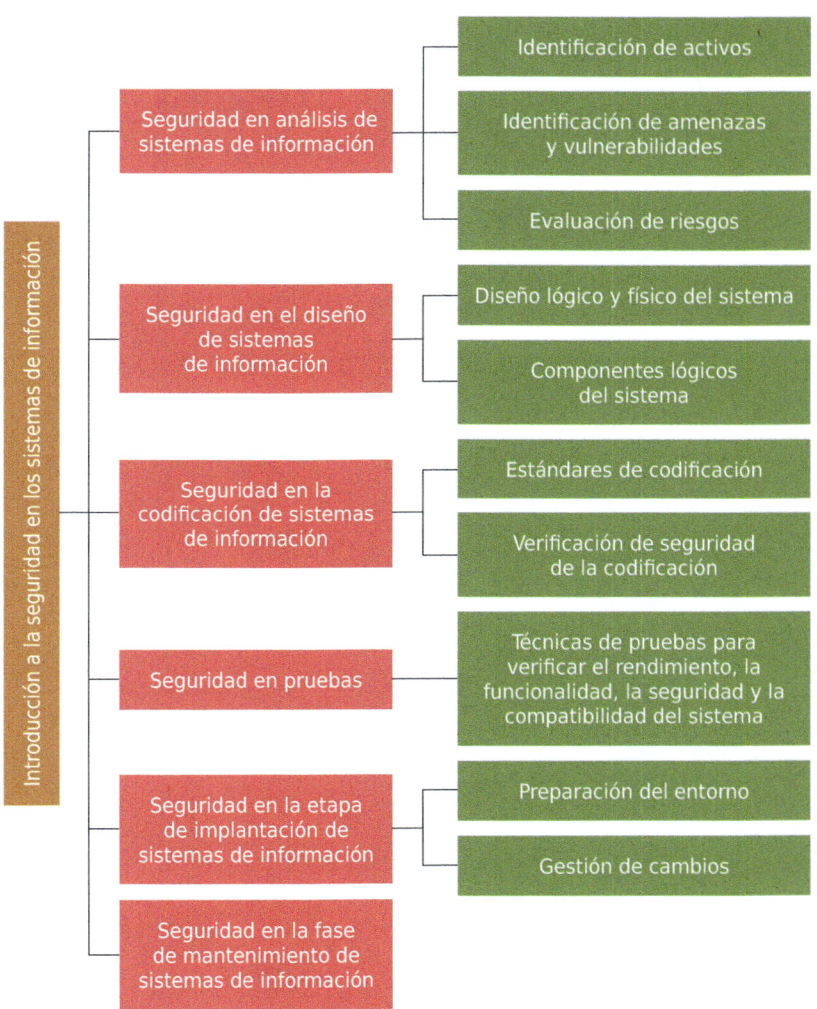

Ejercicios de autoevaluación
Unidad de Aprendizaje 1

1. Indica si las siguientes afirmaciones son verdaderas o falsas:

a. El concepto hito tecnológico en el contexto de las redes móviles hace referencia a un evento o avance significativo que marca un cambio notable en la tecnología y en la evolución de las comunicaciones inalámbricas.

- ■ Verdadero
- ■ Falso

b. Después del 2G, la tecnología avanzó hacia las redes de tercera generación (3G), que introdujeron la capacidad de enviar mensajes de texto.

- ■ Verdadero
- ■ Falso

c. Uno de los momentos más significativos en cuanto a avances fue la introducción de los estándares GSM *(Global System for Mobile Communications)* en la década de 1990, que estableció las bases para la interoperabilidad de las redes móviles en todo el mundo.

- ■ Verdadero
- ■ Falso

2. ¿Cuál de las siguientes afirmaciones describe una característica clave del 5G relacionada con la gestión de grandes volúmenes de datos?

a. Mayor ancho de banda.
b. Mayor velocidad de descarga.
c. Menor latencia.
d. Uso de tecnologías avanzadas de modulación.

3. ¿Cuál de las siguientes generaciones de tecnología móvil introdujo la transmisión de datos de alta velocidad y permitió la proliferación de servicios de datos móviles, videoconferencias y navegación por Internet en dispositivos móviles?

    a. 2G (Segunda Generación).
    b. 3G (Tercera Generación).
    c. 4G (Cuarta Generación).
    d. Despliegue de LTE *(Long-Term Evolution)*.

4. ¿Cuál de las siguientes afirmaciones es verdadera con respecto a la digitalización de señales en el contexto del GSM?

    a. La digitalización de señales en el GSM resultó en una menor eficiencia en el uso del espectro.
    b. La digitalización permitió una calidad de voz inferior en comparación con los sistemas analógicos.
    c. La digitalización mejoró la calidad de voz, la eficiencia en el uso del espectro y la capacidad de transmitir datos.
    d. La digitalización solo afectó a la capacidad de transmitir datos y no a la calidad de voz.

5. ¿Cuál es uno de los propósitos de establecer límites y asignaciones específicas según las regulaciones en el contexto de las redes móviles?

    a. Maximizar la interferencia entre diferentes servicios de comunicación.
    b. Garantizar que las frecuencias se utilicen de manera ineficiente.
    c. Asegurar la calidad y confiabilidad de las redes móviles al evitar interferencias.
    d. Restringir el acceso al espectro solo a proveedores específicos.

6. ¿Cuál es una de las características clave del 5G relacionada con la capacidad para manejar una mayor cantidad de dispositivos conectados simultáneamente?

    a. Mayor latencia.
    b. Espectro de frecuencia más amplio.
    c. Velocidades de descarga más lentas.
    d. Arquitectura de red rígida.

7. **¿En qué sector el 5G habilita la telemedicina de alta calidad, permitiendo la atención médica sin que el especialista y el paciente se encuentren en el mismo lugar?**

   a. Industria
   b. Salud
   c. Transporte
   d. Agricultura

8. **¿Cuál de las siguientes profesiones se encarga de diseñar, implementar y mantener redes 5G?**

   a. Desarrollador de aplicaciones 5G.
   b. Ingeniero de sistemas de IoT.
   c. Ingeniero de redes 5G.
   d. Especialista en ciberseguridad de 5G.

9. **¿Cuál es uno de los impactos económicos directos de la implementación de redes 5G?**

   a. Incremento de la demanda de profesionales en áreas como las telecomunicaciones.
   b. Reducción de empleo en el sector de la tecnología de la información (TIC).
   c. Desaceleración del crecimiento económico.
   d. Disminución de la competitividad global de los países adoptantes.

10. **¿Cómo el 5G contribuye a la Industria 4.0 al habilitar la combinación con la inteligencia artificial (IA)?**

    a. Mejorando la velocidad de impresoras industriales.
    b. Permitiendo la transmisión rápida de correos electrónicos en entornos de fabricación.
    c. Facilitando la implementación de aplicaciones de IA en tiempo real para el mantenimiento predictivo y la automatización industrial avanzada.
    d. Optimizando la comunicación telefónica en la cadena de producción.

Identificación de la tecnología y servicios del 5G

Contenido

1. Introducción
2. Aproximación a la historia y evolución de las redes móviles
3. Conocimiento de las redes 5G
4. Identificación de oportunidades de mercado y nuevas profesiones
5. Verticalización del 5G. Ámbitos de aplicación
6. Análisis de casos de uso de 5G
7. Aplicación al teletrabajo y puesto de trabajo digital
8. Resumen

Objetivos:

El objetivo general de esta Unidad de Aprendizaje es:

→ Adquirir un conocimiento integral sobre la tecnología y servicios del 5G, comprendiendo su historia, evolución, oportunidades de mercado, aplicaciones, casos de uso y su impacto en el teletrabajo y el puesto de trabajo digital.

Los objetivos específicos de esta Unidad de Aprendizaje son:

→ Identificar hitos tecnológicos y regulaciones clave en la historia de las redes móviles.

→ Reconocer la importancia de la 5G como una revolución en las comunicaciones móviles.

→ Analizar las características técnicas y arquitectura de las redes 5G.

→ Identificar los principales actores involucrados en la implementación de la tecnología 5G.

→ Explorar las oportunidades de negocio que el 5G ofrece en diferentes sectores.

→ Analizar el impacto económico y laboral de la adopción de la tecnología 5G.

→ Identificar los diversos ámbitos de aplicación de la tecnología 5G, como la industria, salud, ciudades inteligentes, etc.

→ Analizar casos de éxito en la implementación de 5G en diferentes industrias.

→ Explorar ejemplos concretos de aplicaciones y casos de uso de la tecnología 5G.

→ Analizar cómo el 5G impulsa la innovación en áreas como IoT, realidad virtual, vehículos autónomos, etc.

→ Evaluar el impacto de estos casos de uso en la vida cotidiana y la industria.

1. Introducción

En la actualidad, la tecnología móvil se ha convertido en un pilar fundamental de las personas y en un motor de transformación en todos los ámbitos de la sociedad. Una de las evoluciones tecnológicas más significativas en este campo es la llegada de las redes 5G, una revolución que promete cambiar la forma en que nos conectamos, trabajamos y vivimos.

Explorar la fascinante historia y evolución de las redes móviles, desde sus primeros pasos hasta el advenimiento de del 5G, identificando hitos tecnológicos y regulaciones clave en el camino, nos ayudará a comprender mejor la evolución tecnológica de las redes 5G y nos permitirá analizar sus características técnicas y su arquitectura, entendiendo cómo superan a sus predecesoras en velocidad, latencia y capacidad.

La 5G brinda grandes oportunidades de trabajo en diversos sectores, desde la industria y la salud hasta las ciudades inteligentes.

Es necesario dar importancia a la verticalización del 5G y a su variedad de aplicaciones en el mundo real. A través de casos de éxito entenderemos cómo esta tecnología está transformando industrias enteras y mejorando la vida de las personas en general.

El 5G desempeña un papel fundamental en el teletrabajo y el puesto de trabajo digital. Esta tecnología habilita nuevas formas de trabajo y explora las herramientas y tecnologías que permiten un entorno laboral más flexible y eficiente.

Para facilitar el aprendizaje, nos seguiremos basando en el caso de Marta, Carlos, Ana y Luis un grupo de amigos apasionados de la tecnología y de la programación en busca de nuevos retos.

2. Aproximación a la historia y evolución de las redes móviles

 **HILO CONDUCTOR**

Después de su exitoso viaje en el mundo de la seguridad de la información, Marta, Carlos, Ana y Luis decidieron explorar la historia y evolución de las redes móviles como un paso más en su aprendizaje tecnológico. Comenzaron a investigar cómo había avanzado la comunicación inalámbrica desde los primeros teléfonos móviles hasta la llegada de la red 5G. A medida que exploraban los hitos tecnológicos, comprendieron cómo cada generación de redes móviles había habilitado nuevas posibilidades y cómo el 5G estaba a punto de revolucionar la conectividad en todo el mundo.

La historia y evolución de las redes móviles son un viaje fascinante a través del tiempo, marcado por avances tecnológicos significativos que han transformado la forma en que las personas se comunican y conectan en el mundo digital. A lo largo de este epígrafe se explorarán los hitos clave en la historia de las redes móviles, desde sus inicios hasta la llegada del 5G. Con ello se pretende entender cómo estas redes se han desarrollado y habilitado la comunicación móvil tal como se conoce hoy en día.

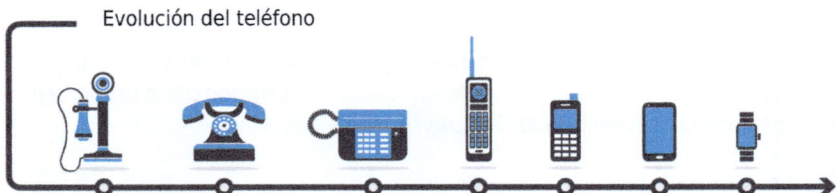

Evolución del teléfono

El concepto de "hito tecnológico" en el contexto de las redes móviles hace referencia a un evento o avance significativo que marca un cambio notable en la tecnología y la evolución de las comunicaciones inalámbricas.

SABÍAS QUE...

Los hitos tecnológicos representan momentos cruciales en el desarrollo de las redes móviles, introduciendo nuevas capacidades, estándares o tecnologías

Continúa en página siguiente >>

<< Viene de página anterior

que tienen un impacto sustancial en la forma en que las personas se conectan y se comunican a través de dispositivos móviles.

2.1. Comprender la evolución de las redes móviles

Las **redes móviles** han recorrido un largo camino desde sus primeros días. Inicialmente, en la década de 1980, las redes móviles eran analógicas y se centraban principalmente en proporcionar llamadas de voz. La tecnología avanzó hacia las redes de segunda generación (2G), que introdujeron la capacidad de enviar mensajes de texto. Las redes 3G permitieron la transferencia de datos a velocidades más altas, lo que permitió allanar el camino para la navegación web y el correo electrónico en dispositivos móviles. Las redes 4G llevaron la conectividad a un nivel completamente nuevo, permitiendo la transmisión de vídeo en alta definición y habilitando la explosión de aplicaciones móviles.

Finalmente, llegamos al 5G, la quinta generación de redes móviles, que está redefiniendo la forma en que las personas usuarias se conectan. El 5G ofrece velocidades de descarga ultrarrápida, latencia mínima y la capacidad de conectar una multitud de dispositivos de forma simultánea. Esto abre la puerta a aplicaciones revolucionarias e innovadoras como vehículos autónomos, ciudades inteligentes *(smartcity),* realidad virtual, etc. Comprender esta evolución es esencial para apreciar cómo el 5G representa un salto cuántico en la conectividad móvil.

2.2. Identificar hitos tecnológicos y regulaciones clave

A lo largo de esta evolución, varios **hitos tecnológicos** y **regulaciones** desempeñaron un papel fundamental en la conformación de las redes móviles.

En definitiva, estos avances tecnológicos en cuanto a las redes móviles se refieren, pueden resumirse en estos principales hitos:

2G (Segunda Generación)
Introducción de la tecnología digital en las redes móviles, permitiendo la transmisión de datos y mejor calidad de voz en comparación con las redes analógicas de la primera generación.

3G (Tercera Generación)
Habilitó la transmisión de datos de alta velocidad, lo que se tradujo en la proliferación de servicios de datos móviles, videoconferencias y navegación por internet en dispositivos móviles.

4G (Cuarta Generación)
Proporcionó velocidades de conexión significativamente más rápidas y una mayor capacidad para admitir servicios de transmisión de vídeo en alta definición (HD) y aplicaciones mucho más avanzadas.

Despliegue de LTE *(Long-Term Evolution)*
Un estándar de red 4G que mejoró aún más la velocidad y eficiencia de las conexiones inalámbricas, facilitando el camino para la transición completa a la tecnología 4G.

Desarrollo y despliegue de 5G (Quinta Generación)
La introducción de la tecnología 5G representa un hito actual, ya que ofrece una mayor velocidad, menor **latencia** y una capacidad de conexión masiva. Esto permite una mayor cantidad de dispositivos conectados y nuevas aplicaciones innovadoras.

NOTA

Estos hitos tecnológicos han sido cruciales para la evolución de las redes móviles, mejorando la eficiencia, la velocidad y la capacidad, y brindando nuevas posibilidades para la conectividad inalámbrica.

Uno de los momentos más significativos en cuanto a avances, fue la introducción de los **estándares GSM** *(Global System for Mobile Communications)* en la década de 1990, que estableció las bases para la interoperabilidad de las redes móviles en todo el mundo.

Logotipo de GSM (Global System for Mobile Communications)

El GSM o sistema global para comunicaciones móviles, es un estándar de comunicaciones móviles que fue introducido en los años 1990 y jugó un papel fundamental en la evolución de las redes móviles. Este estándar estableció una plataforma global para la telefonía móvil, permitiendo la interoperabilidad entre diferentes redes y dispositivos en todo el mundo. Fuente imagen: Desconocida bajo licencia de Dominio público.

Existen una serie de elementos que caracterizan el estándar GSM:

- **Digitalización de señales.** El GSM marcó la transición de la comunicación móvil desde sistemas analógicos a digitales. Esta digitalización permitió:

  - Una mejor calidad de voz.
  - Mayor eficiencia en el uso del espectro, y:
  - La capacidad de transmitir datos.

- **Tarjetas SIM.** Introdujo el uso de tarjetas SIM *(Subscriber Identity Module),* que almacenan información clave del usuario y permiten la portabilidad del servicio entre dispositivos. Esta característica ha sido esencial para:

  - La flexibilidad y movilidad en las comunicaciones móviles.

- **Estándar de conmutación de circuitos.** Utilizó conmutación de circuitos para establecer conexiones de voz. Este enfoque garantizaba:

  - Una conexión constante durante una llamada, aunque requería un ancho de banda constante incluso en momentos de silencio.

● **Seguridad mejorada.** El GSM incorporó:

◊ Mejoras significativas en la seguridad de las comunicaciones, utilizando **algoritmos de cifrado** para proteger las transmisiones de voz y datos.

Igualmente, otro hito importante fue la implementación de **regulaciones de espectro radioeléctrico.** Este hecho fue clave para garantizar la asignación adecuada de frecuencias para las redes móviles.

 DEFINICIÓN

Regulaciones espectro radioeléctrico
Son normas gubernamentales que permitieron la expansión de la cobertura móvil y la capacidad de las redes.

- -

Las normativas surgidas a raíz del desarrollo del espectro radioeléctrico son significativas por varios motivos:

Prevención de interferencias
Establecer límites y asignaciones específicas con idea de evitar interferencias entre diferentes servicios de comunicación y garantizar la calidad y confiabilidad de las redes móviles.

Optimización del espectro
Las regulaciones permiten la asignación eficiente del espectro, asegurando que las frecuencias se utilicen de manera óptima para maximizar la capacidad y la cobertura de las redes móviles.

Promoción de la competencia
Las regulaciones también pueden fomentar la competencia al garantizar que diferentes proveedores tengan acceso equitativo al espectro. Esto beneficia a las personas consumidoras al ofrecer opciones y servicios de mejor calidad.

Continúa en página siguiente >>

<< Viene de página anterior

> **Expansión de la cobertura**
> La planificación adecuada del espectro facilita la expansión de la cobertura de las redes móviles, permitiendo que más áreas geográficas sean atendidas y más usuarios se beneficien de estos servicios.

2.3. Reconocer la importancia de la 5G

La llegada de la 5G ha sido uno de los hitos más significativos en la historia de las redes móviles. No es solo una mejora incremental, también ha significado una revolución en las comunicaciones móviles.

| Velocidad | Señal | Big Data | Internet | Redes | Tecnología | Internet de las cosas | Tráfico |

La 5G está diseñada para brindar una conectividad excepcionalmente rápida y confiable, lo que convierte en una habilitadora clave del Internet de las Cosas (IoT), la inteligencia artificial y una amplia gama de aplicaciones avanzadas.

La red 5G no solo promete velocidades de descarga más veloces, sino que también reduce significativamente la **latencia.** Esta circunstancia es fundamental para aplicaciones en tiempo real como, por ejemplo, la cirugía asistida por robots y los vehículos autónomos, así como otras muchas innovaciones tecnológicas.

La latencia es un concepto que hace referencia al tiempo que tarda un conjunto de datos en viajar desde el origen hasta el destino, específicamente el tiempo que transcurre entre el envío de una señal y la recepción de la respuesta. En el contexto de las redes y de las comunicaciones, la latencia se mide generalmente en milisegundos y es un indicador crítico de la eficiencia y la velocidad de una red.

 **EJEMPLO**

Imagina que estás jugando a un juego *online* en el que necesitas reaccionar rápidamente a las acciones de otros jugadores. La latencia en este caso se manifestaría como el tiempo que transcurre desde que realizas una acción (como presionar un botón para disparar) hasta que ves la respuesta en la pantalla (el disparo efectuado o la reacción del entorno en el juego).

Imagina ahora que tienes una latencia de red baja de 20 ms. Esto significa que, después de presionar el botón, verías la respuesta en tan solo 20 ms. En cambio, si la latencia fuera alta, por ejemplo, de 200 ms, experimentarías un retraso más significativo entre tu acción y la respuesta en el juego. Esta velocidad afectaría negativamente a tu experiencia de juego.

¿Imaginas el papel de la latencia en una intervención quirúrgica "a distancia" con una mano quirúrgica robotizada?

- -

Reconocer la importancia de la 5G en la actualidad y en el futuro es esencial para comprender cómo esta tecnología está transformando la sociedad y la manera en que las personas se relacionan en la era digital.

 **NOTA**

La revolución del 5G está en marcha, en consecuencia, la sociedad actual está experimentando un cambio de paradigma en las comunicaciones móviles.

- -

3. Conocimiento de las redes 5G

HILO CONDUCTOR

Impresionados por la historia de las redes móviles, Marta, Carlos, Ana y Luis se sumergieron en el mundo de las redes 5G. Aprendieron las características técnicas de esta nueva generación de redes, incluyendo su alta velocidad y su

Continúa en página siguiente >>

<< Viene de página anterior

baja latencia. También se dieron cuenta de cómo el 5G se estaba convirtiendo en la base para la próxima ola de innovación tecnológica, permitiendo aplicaciones como la realidad aumentada y el Internet de las Cosas (IoT). Comprendieron que el 5G estaba a punto de cambiar la forma en que las personas se comunican y trabajan.

Como ya se ha observado, las redes 5G representan un avance tecnológico significativo en el mundo de las comunicaciones. Con su implementación se espera una revolución en la conectividad y en la utilización de los dispositivos móviles. A lo largo de este epígrafe se ahondará en las características técnicas y la arquitectura de las redes 5G, destacando cómo se diferencian de las redes 4G y quiénes son los principales actores que están impulsando su implementación.

Entre otras cosas, al estándar 5G es mucho más rápido que su predecesor, el 4G.

3.1. Características técnicas y arquitectura de las redes 5G

Las redes 5G están diseñadas para proporcionar una conectividad móvil excepcionalmente rápida y confiable. Para lograr esto, se basan en una serie de características técnicas y una arquitectura avanzada:

➥ **Velocidad.** La red 5G ofrece velocidades de descarga significativamente más rápidas que las redes 4G. En algunas implementaciones, se pueden alcanzar velocidades de gigabit por segundo, lo que significa que permite descargas instantáneas de contenido en alta definición.

⮞ **Latencia mínima.** La latencia es el tiempo que transcurre desde que se envía una solicitud de datos hasta que se recibe una respuesta. El 5G reduce la latencia a niveles extremadamente bajos. Esta característica es esencial para aplicaciones en tiempo real como videoconferencias y juegos online basados en la nube.

⮞ **Capacidad mejorada.** Las redes 5G pueden manejar una mayor cantidad de dispositivos conectados de manera simultánea. Esta particularidad es esencial para el creciente **internet de las cosas (IoT)** y la conectividad de **dispositivos inteligentes** en hogares y ciudades.

⮞ **Espectro de frecuencia más amplio.** El 5G utiliza un espectro de frecuencia mucho más amplio, incluyendo ondas milimétricas. Esto permite una mayor capacidad y velocidad. Sin embargo, estas frecuencias de alta frecuencia también tienen un alcance más limitado, lo que significa que requiere una infraestructura de torres y estaciones base más densa.

⮞ **Arquitectura de red flexible.** La arquitectura de red 5G es altamente flexible y se basa en tecnologías como *Network Function Virtualization* **(NFV)** y *Software-Defined Networking* **(SDN).** Esto permite una configuración y gestión más eficientes de la red y una mayor adaptabilidad a las necesidades cambiantes.

Arquitectura de las redes 5G

El principal propósito de las generaciones previas de redes móviles era proporcionar servicios de datos móviles y confiables a las personas usuarias. Sin embargo, la tecnología 5G ha ampliado significativamente este objetivo al ofrecer una variedad mucho más amplia de servicios inalámbricos a través de diversas plataformas y redes multicapa.

Es posible afirmar que, la arquitectura de las redes 5G, se caracteriza por presentar un marco de trabajo realmente dinámico y flexible que permite dar sustento a diversas aplicaciones.

La tecnología 5G introduce una arquitectura más inteligente, especialmente en las redes de acceso por radio denominadas RAN, que ya no están limitadas por la complejidad de la infraestructura o por la proximidad de las estaciones base.

Al no verse las redes condicionadas por infraestructuras complejas, se facilita el camino hacia una **RAN virtual, flexible** y **desagregada.** Conceptos que hacen referencia a una evolución en la arquitectura de red inalámbrica, específicamente dentro del contexto de las redes móviles, como el 5G. Veamos qué significan estos términos:

Virtual	Significa que ciertas funciones y componentes de la RAN se ejecutan en entornos virtualizados en lugar de depender completamente de hardware físico. Esto proporciona flexibilidad en la asignación de recursos y permite una gestión más eficiente de la red.
Flexible	Se trata de la capacidad de adaptarse y escalar según las demandas cambiantes del tráfico y las aplicaciones. Una RAN flexible puede ajustar dinámicamente sus recursos para optimizar el rendimiento en tiempo real.
Desagregada	Implica la separación de componentes y funciones específicas dentro de la RAN. En lugar de tener una estructura monolítica, donde todas las funciones están integradas, una RAN desagregada divide estas funciones, permitiendo la implementación independiente de cada una. Esta característica facilita la actualización y la introducción de nuevas tecnologías sin afectar toda la red.

Otra importante característica de este tipo de arquitecturas es que cuentan con nuevas interfaces que crean puntos de acceso de datos adicionales. O lo que es lo mismo, el 5G no solo se trata de velocidad de conexión, sino que redefine la infraestructura de red para adaptarse mejor a diversas aplicaciones y servicios.

 EJEMPLO

En lugar de solo ofrecer velocidades de descarga más rápidas, el 5G facilita la implementación de aplicaciones como vehículos autónomos, salud remota y ciudades inteligentes al proporcionar una infraestructura más eficiente y versátil.

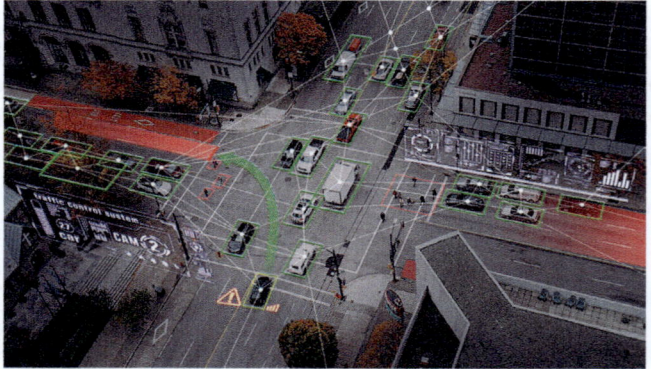

Simulación integrada del sistema de control y conducción autónoma en una ciudad inteligente.

Iniciativa 3GPP para el diseño de la arquitectura 5G

El Proyecto de Asociación de Tercera Generación, conocido como 3GPP, aborda diversas tecnologías de telecomunicaciones entre las que están las redes de acceso por radio o RAN, **redes centrales de transporte** y **funciones de servicios**:

➲ **Redes centrales de transporte.** Son la infraestructura y los sistemas que gestionan la transmisión de datos entre las estaciones base, que son donde conectan los dispositivos móviles, y otros elementos de la red, como las redes de acceso por radio (RAN) y los servidores centrales.

Estas redes se encargan de transportar la información de manera eficiente y segura entre diferentes partes de la red móvil.

➲ **Funciones de servicios.** Son los servicios y capacidades específicas que proporciona una red. En el contexto de las telecomunicaciones, estas funciones incluyen servicios como la autenticación de usuarios, la gestión de llamadas, el enrutamiento de datos, la seguridad de la red, etc. En esencia, las funciones de servicios son los distintos elementos y procesos que permiten que una red móvil ofrezca una variedad de servicios a los usuarios finales.

El enfoque del 3GPP en la arquitectura de red 5G se orienta más hacia los servicios que las generaciones anteriores, promoviendo **modularidad, reusabilidad** y **autosuficiencia** en las funciones de red. Estos tres conceptos son principios de diseño que buscan optimizar la eficiencia, flexibilidad y mantenimiento de las funciones de red en el contexto de las telecomunicaciones. Veamos cada uno de estos términos:

➲ **Modularidad.** La modularidad implica dividir un sistema o una red en módulos independientes y autónomos, cada uno de los cuales realiza una función específica. Estos módulos, o bloques de construcción, son intercambiables y se pueden modificar sin afectar el funcionamiento global del sistema.
Por ejemplo, en el contexto de funciones de red, la autenticación de usuarios, la gestión de tráfico y la seguridad podrían ser módulos separados y modulares. Esto significa que si se necesita actualizar la seguridad, se podría cambiar el módulo de seguridad sin afectar a otras funcionalidades.

➲ **Reusabilidad.** La reusabilidad implica diseñar funciones de red de manera que puedan ser utilizadas en diferentes contextos o aplicaciones sin necesidad de modificaciones significativas. Un componente reutilizable permite ser implementado en diversas partes de la red sin perder su funcionalidad.
Por ejemplo, si una función de cifrado es diseñada para ser reutilizable, podría ser implementada en diferentes puntos de la red para garantizar la seguridad de la comunicación en cada uno de esos puntos.

➲ **Autosuficiencia.** La autosuficiencia hace referencia a la capacidad de una función de red para operar de manera independiente y sin depender en exceso de otros componentes. Una función autosuficiente puede cumplir su propósito sin requerir continuamente la intervención de otras funciones.
Por ejemplo, una función de enrutamiento autosuficiente puede tomar decisiones de enrutamiento sin depender en exceso de otras funciones de la red, lo que permitiría contribuir a una operación mucho más eficiente.

IMPORTANTE

Con los principios de diseño (modularidad, reusabilidad y autosuficiencia), se busca crear funciones de red más flexibles, mantenibles y adaptables a medida que evolucionan las necesidades y tecnologías de las telecomunicaciones.

- -

APLICACIÓN PRÁCTICA

A continuación, se presentan varias definiciones que tendrás que relacionar con su correspondiente concepto (modularidad, reusabilidad, autosuficiencia):

1. **Hace referencia a la capacidad de una función de red para operar de manera independiente y sin depender en exceso de otros componentes. Una función autosuficiente puede cumplir su propósito sin requerir continuamente la intervención de otras funciones.**
2. **Implica diseñar funciones de red, de manera que puedan ser utilizadas en diferentes contextos o aplicaciones sin necesidad de modificaciones significativas. Un componente reutilizable permite ser implementado en diversas partes de la red sin perder su funcionalidad.**
3. **Implica dividir un sistema o una red en módulos independientes y autónomos, cada uno de los cuales realiza una función específica. Estos módulos, o bloques de construcción, son intercambiables y se pueden modificar sin afectar el funcionamiento global del sistema.**

Solución

Las respuestas serían:

1. Autosuficiencia
2. Reusabilidad
3. Modularidad

Estos módulos, considerados bloques de construcción, son intercambiables y modificables sin afectar el funcionamiento global del sistema.

Continúa en página siguiente >>

<< Viene de página anterior

Hay que destacar que la tecnología 5G utiliza una amplia gama de frecuencias que van desde ondas milimétricas hasta frecuencias de la banda C.

 **DEFINICIÓN**

Banda C
Es una parte del espectro electromagnético que abarca ciertas frecuencias específicas. Dentro del contexto de las telecomunicaciones y de las redes móviles, la banda C hace referencia generalmente a un rango de frecuencias en el espectro de microondas. Las frecuencias exactas pueden variar según las regiones geográficas y los estándares de telecomunicaciones específicos, pero generalmente caen en el rango de 3.7 GHz a 3.98 GHz.

Algunos puntos clave sobre las frecuencias de la banda C son los siguientes:

1. **Uso en telecomunicaciones.** Las frecuencias de la banda C se utilizan en diversas aplicaciones de telecomunicaciones, entre las que están las comunicaciones por satélite, las transmisiones de televisión por satélite, los enlaces de microondas y algunas implementaciones de tecnologías inalámbricas.
2. **Características técnicas.** Las frecuencias de la banda C son parte de las microondas, esto se traduce en que tienen longitudes de onda más corta en comparación con frecuencias más bajas. Esta característica hace que sean más adecuadas para ciertos tipos de comunicaciones de alta frecuencia y transmisiones a largas distancias.
3. **Reasignación para 5G.** En el contexto de la tecnología 5G, algunas frecuencias de la banda C y otras bandas están siendo consideradas y reasignadas para ampliar el espectro disponible y satisfacer la creciente demanda de capacidad y velocidad en las redes móviles.

NOTA

Es importante señalar que las bandas de frecuencia y sus asignaciones específicas pueden variar según las regulaciones y los estándares adoptados en diferentes regiones del mundo.

Tanto la amplia gama de frecuencias que permite la adaptación a diferentes aplicaciones como la computación perimetral multiacceso o MEC son esenciales para la arquitectura 5G. Esto es así porque proporcionan baja latencia, alto ancho de banda y acceso en tiempo real a la información de la red RAN.

Por otra parte, la virtualización de funciones de red permite la creación de un ecosistema 5G al separar el *software* del *hardware*.

La arquitectura de red RAN 5G también se beneficia de la desagregación, liderada por iniciativas como la **alianza O-RAN,** mejorando la flexibilidad y facilitando nuevas oportunidades de competencia.

La Alianza O-RAN *(Open Radio Access Network)* que traducido al español significa Alianza de Acceso Radio Abierto, es una iniciativa en la industria de las telecomunicaciones que promueve la desagregación y apertura de la infraestructura de acceso radioeléctrico (RAN). En términos más sencillos, busca separar y abrir las partes clave de las redes móviles, como son las estaciones base, con idea de fomentar la interoperabilidad y la innovación.

La **interfaz eCPRI** *(Evolved Common Public Radio Interface),* la segmentación de redes y la conformación de haces son tecnologías clave para la eficacia de la arquitectura 5G, permitiendo redes virtuales y optimizando recursos para diversos casos de uso, como el IoT. La conformación de haces masiva es particularmente revolucionaria, pues utiliza conjuntos de antenas MIMO para enviar paquetes de datos de manera eficiente, abordando los desafíos de ancho de banda de la tecnología 5G.

Los **principales clave de la conformación de haces masiva** son los siguientes:

Múltiples antenas
La tecnología Massive MIMO implica la implementación de un gran número de antenas en las estaciones base, mucho más que las soluciones tradicionales.

Procesamiento inteligente
Se utiliza un procesamiento de señales avanzado para coordinar y dirigir de manera inteligente las señales entre las antenas y los dispositivos de las personas usuarias.

Formación de Haces
En lugar de transmitir señales de manera omnidireccional, la tecnología Massive MIMO permite formar haces direccionales precisos hacia los usuarios específicos. Esto mejora la eficiencia espectral y la capacidad de la red.

 EJEMPLO

Vislumbremos una ciudad inteligente *(smartcity)* que implementa tecnología 5G para mejorar diversos aspectos de la vida de las personas. La amplia gama de frecuencias utilizadas en la red 5G permite adaptarse a diversas aplicaciones en la ciudad. Por ejemplo, la computación perimetral multiacceso garantiza que los dispositivos conectados en la ciudad, como semáforos inteligentes y sensores de tráfico, puedan acceder rápidamente a información crítica con baja latencia, esto permite una gestión eficiente del tráfico en tiempo real.

Además, la virtualización de funciones de red en la infraestructura de la ciudad separa el *software* del *hardware,* creando un ecosistema ágil para la red 5G. La arquitectura de red RAN 5G, impulsada por la desagregación respaldada por la alianza O-RAN, brinda flexibilidad a la ciudad al facilitar la integración de

Continúa en página siguiente >>

<< Viene de página anterior

nuevas tecnologías y crear oportunidades para la competencia entre provee-dores de servicios.

La *smartcity* también se beneficia de tecnologías clave como la interfaz eCPRI, que optimiza las pruebas de la red, la segmentación de redes para gestionar eficazmente distintos casos de uso, y la conformación de haces masiva, revolucionando la transmisión de datos eficientemente. En este escenario, la tecnología 5G mejora la calidad de vida de las personas al permitir una conectividad inteligente y optimizada a lo largo y ancho de la ciudad.

 ## ACTIVIDAD COMPLEMENTARIA

2. Son muchas las tendencias y posibilidades que se discuten sobre cómo el 5G está cambiando la vida de las personas. A continuación, se propone un hilo de debate para discutir sobre las siguientes cuestiones. Ofrece tu opinión al respecto:

- ¿Cómo crees que las redes 5G podrían evolucionar para abordar desafíos específicos o mejorar aún más la vida de las personas?
- ¿Qué avances tecnológicos adicionales podrían aprovechar las redes 5G para crear nuevas experiencias o servicios?
- ¿Cuáles crees que serían los mayores beneficios y desafíos para las personas en un mundo impulsado por la tecnología 5G?

Núcleo de red 5G

La arquitectura del núcleo de redes 5G describe la conformación de haces masiva, que como se ha dicho se trata de una tecnología avanzada en comunicaciones inalámbricas, particularmente en 5G. En lugar de transmitir señales inalámbricas de manera tradicional en todas direcciones, la conformación de haces masiva utiliza un gran número de antenas en las estaciones base para dirigir de manera precisa las señales hacia usuarios específicos.

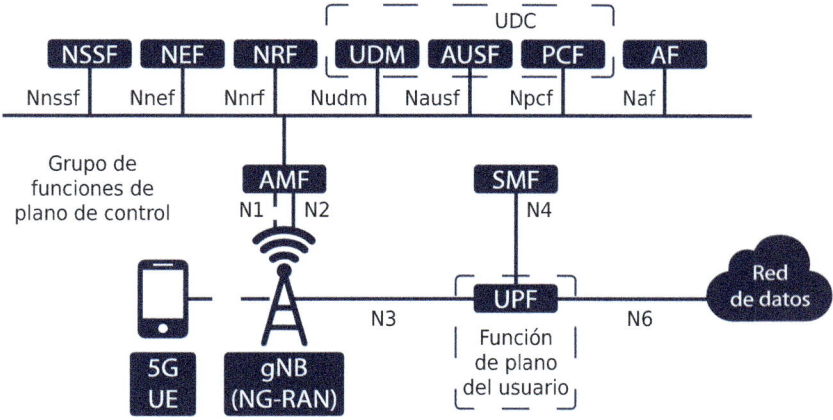

Para comprender esta arquitectura, basta imaginar una estación base de telefonía móvil equipada con una gran cantidad de antenas en vez de las pocas que se utilizaban antes. En lugar de enviar señales en todas direcciones, estas antenas pueden trabajar juntos para enfocar haces de señales hacia dispositivos móviles específicos, como teléfonos inteligentes. Esto es similar a apuntar un foco de luz directamente hacia un área específica en lugar de iluminar todo el entorno.

Son varios los beneficios que otorga la arquitectura del núcleo 5G. Entre ellos están los siguientes:

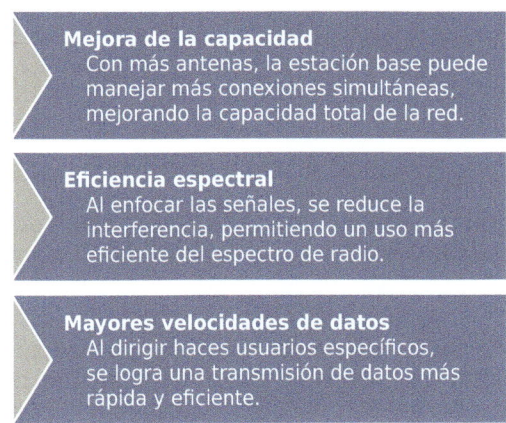

Mejora de la capacidad
Con más antenas, la estación base puede manejar más conexiones simultáneas, mejorando la capacidad total de la red.

Eficiencia espectral
Al enfocar las señales, se reduce la interferencia, permitiendo un uso más eficiente del espectro de radio.

Mayores velocidades de datos
Al dirigir haces usuarios específicos, se logra una transmisión de datos más rápida y eficiente.

Para transitar de la tecnología 4G a la 5G de una forma óptima, es fundamental llevar a cabo un proceso gradual y seguir una estrategia correctamente planificada. Un elemento esencial en este cambio es la progresiva transición de las opciones de arquitectura de la tecnología 5G desde el modo no independiente al modo independiente. En el estándar no independiente de la tecnología 5G, finalizado a fines de 2017, se utilizan las redes centrales y RAN LTE existentes como punto de anclaje, con la adición de una portadora de componentes 5G. Aunque este modo aún depende de la arquitectura existente de la tecnología 4G, logra aumentar el ancho de banda incorporando frecuencias de ondas milimétricas.

Por el contrario, el modo independiente de la tecnología 5G implica la implementación completa de la tecnología 5G desde cero, con una nueva arquitectura de núcleo de red y la implementación total de todos los componentes de *hardware,* características y funciones específicas de la tecnología 5G. Conforme el modo no independiente cede gradualmente ante las nuevas implementaciones de arquitecturas de red móvil 5G, una cuidadosa planificación e implementación asegurarán una transición fluida para la base de usuarios.

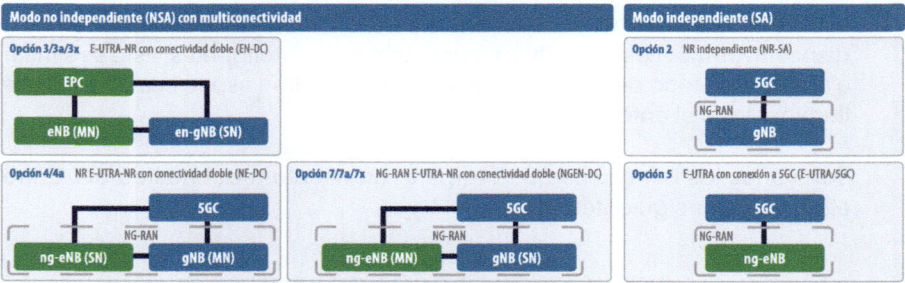

Opciones de arquitectura para la impementación de redes 5G NR

Adopción de la arquitectura a nivel geográfico

La **expansión de la tecnología 5G a nivel global requiere una colaboración coordinada** a escala mundial para integrarla en diferentes regiones geográficas.

Regiones tecnológicamente avanzadas como Norteamérica, Asia y Europa están liderando la implementación, mientras que otros países están siguiendo simplemente su ejemplo. Actualmente, existen cientos de redes 5G activas en todo el mundo, y se proyecta que las conexiones móviles 5G superarán los 2.000 millones para el año 2025.

Ahora bien, la implementación de la tecnología 5G ha presentado desafíos en Europa debido a la proximidad de los países vecinos y la proliferación de portadoras. Aunque en otras regiones la adopción ha experimentado ciertos retrasos, la Comisión Europea ha establecido la **brújula digital,** una política que busca garantizar el acceso a la tecnología 5G en todas las áreas habitadas para el año 2030.

SABÍAS QUE...

Países industrializados como China, Japón e India están realizando inversiones significativas en la transición a la tecnología 5G impactando positivamente en los sectores de fabricación, diseño de dispositivos electrónicos y *software* en todo el mundo. En India, los principales proveedores de servicios de telecomunicaciones planean lanzar servicios 5G después de una subasta de espectros en agosto de 2022, y se estima que China tendrá instaladas 3,64 millones de estaciones base 5G para 2025. Este despliegue global destaca la importancia del 5G en la globalización y su papel crucial en el desarrollo tecnológico a nivel mundial.

Seguridad

La implementación de la tecnología 5G trae consigo beneficios significativos en términos de rendimiento y variedad de aplicaciones, aprovechando recursos basados en la nube, virtualización, segmentación de redes y otras tecnologías emergentes.

Los siguientes ejemplos ilustran cómo la tecnología 5G impulsa mejoras significativas en diferentes sectores, brindando beneficios tangibles en términos de rendimiento y diversidad de aplicaciones:

- **Rendimiento mejorado en *streaming* de vídeo:**

  - **Antes del 5G.** Con tecnologías anteriores, la transmisión de vídeos en alta definición podía experimentar interrupciones y tiempos de carga prolongados.
  - **Con 5G.** La velocidad mejorada permite la transición sin problemas de contenido en ultra alta definición (UHD) y realidad virtual (VR) sin demoras, ofreciendo una experiencia de visualización ininterrumpida.

⮞ **Aplicaciones de Realidad Aumentada (AR) en el comercio minorista:**

◑ **Antes del 5G.** Las aplicaciones de AR podían ser lentas y limitadas, afectando la experiencia del usuario.
◑ **Con 5G.** La baja latencia de 5G permite aplicaciones de AR en tiempo real para compras virtuales, donde los clientes pueden ver productos en 3D antes de adquirirlos, mejorando la toma de decisiones y la satisfacción de la clientela.

⮞ **IoT en la agricultura inteligente:**

◑ **Antes del 5G.** La recopilación de datos en tiempo real en entornos agrícolas podía ser limitada y no siempre práctica.
◑ **Con 5G.** Sensores y dispositivos IoT en campos agrícolas pueden proporcionar datos continuos sobre condiciones del suelo, clima y crecimiento de cultivos. Esto permite una gestión más eficiente y precisa de los recursos, mejorando el rendimiento de las cosechas.

⮞ **Telemedicina de alta calidad:**

◑ **Antes del 5G.** Las consultas médicas en línea podían tener limitaciones en términos de calidad de vídeo y comunicación.
◑ **Con 5G.** La tecnología 5G facilita consultas médicas en tiempo distancia.

NOTA

Aunque la velocidad mejorada es una característica destacada de la tecnología 5G, su impacto va más allá. Se considera una revolución industrial debido a su influencia en diversos sectores, desde el transporte hasta la agricultura. La arquitectura polifacética de la tecnología 5G con componentes como MEC, NFV, tecnología MIMO masiva y una arquitectura de núcleo de red basada en servicios, trabaja en conjunto para ofrecer la próxima generación de servicios. Las soluciones de prueba específicas para la tecnología 5G desempeñarán un papel crucial como facilitadores en la transición hacia este nuevo paradigma de comunicaciones.

A medida que la tecnología 5G amplía el modelo de confianza entre los clientes con más participantes en el proceso de prestación de servicios, se enfrenta a riesgos relacionados con el Internet de las cosas (IoT) y la proliferación de usuarios, generando una mayor cantidad de puntos finales no supervisados. Para abordar estos desafíos, la seguridad 5G incorpora características mejoradas, como la **autenticación unificada** y **esquemas de cifrado de clave pública** para reducir el riesgo de vulnerabilidades:

Autenticación unificada
La autenticación unificada en el contexto de la tecnología 5G hace referencia a un **método integral y coordinado de verificar la identidad de los usuarios y dispositivos que acceden a la red.** En lugar de depender de autenticaciones separadas para diferentes puntos de acceso, la autenticación unificada busca centralizar y simplificar el proceso. Esto implica un sistema coherente que sea capaz de verificar la identidad del usuario o dispositivo de forma eficiente, mejorando la seguridad al reducir las posibles vulnerabilidades.

Esquema de cifrado de clave pública
El esquema de cifrado de clave pública es una técnica criptográfica que utiliza un par de claves: **una clave pública y una clave privada.** En el contexto del 5G, este esquema se utiliza para cifrar y descifrar la información transmitida entre los dispositivos y la red. La clave pública es compartida y se utiliza para cifrar los datos, mientras que la clave privada, que solo la persona destinataria posee, se utiliza para descifrarlos. Este método proporciona una capa adicional de seguridad al proteger la información contra accesos no autorizados.

Para comprender mejor la autenticación unificada y el esquema de cifrado de clave pública en 5G basta con imaginar un usuario que se conecta a una red 5G desde su teléfono inteligente. En lugar de pasar por múltiples autenticaciones al cambiar entre torres de celdas o puntos de acceso, la autenticación unificada permitiría un proceso de verificación más fluido y coherente, simplificando la experiencia del usuario y fortaleciendo la seguridad.

Representación del acceso unificado 5G o autenticación unificada

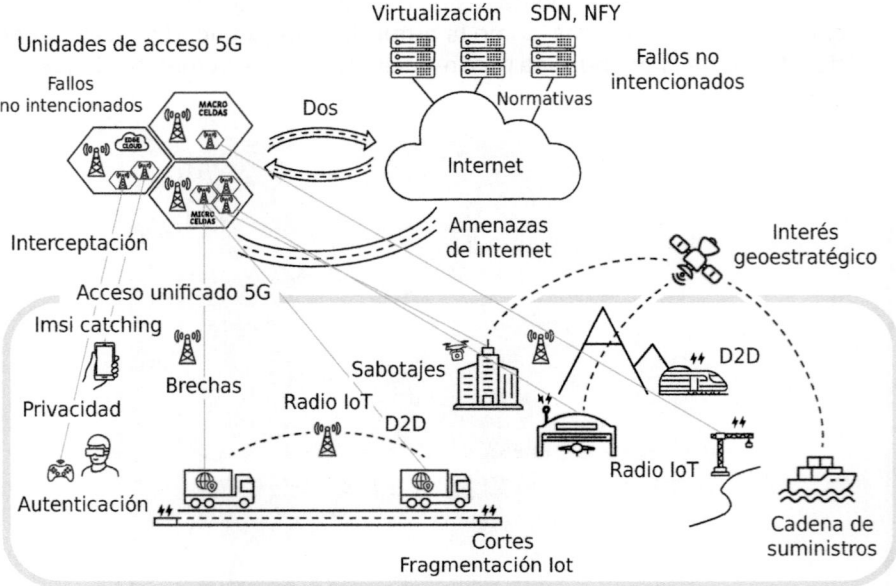

Por otra parte, si un usuario envía datos desde su dispositivo a través de una conexión 5G, esos datos se cifran con la clave pública antes de ser transmitidos. Solo la persona destinataria que posee la clave privada correspondiente puede descifrar y acceder a la información. Esto asegura que, incluso si los datos son interceptados durante la transmisión, no pueden ser comprendidos sin la clave correspondiente.

Criptografía de Clave Pública

Las **prácticas de seguridad recomendadas** incluyen la **monitorización continua de extremo a extremo de la red 5G.** Dada la virtualización de nodos críticos en la tecnología 5G es esencial evaluar constantemente la eficacia de la seguridad.

La monitorización continua de extremo a extremo en la red 5G implica un proceso constante y exhaustivo de supervisión que cubre todos los aspectos de la red, esto es, desde las aplicaciones y dispositivos hasta la arquitectura del sistema en su conjunto. Esta práctica se vuelve esencial debido a la virtualización de nodos críticos en la tecnología 5G, que incluye funciones de red clave. Veamos un desglose más detallado:

➲ **Aplicaciones:**

    ◉ **Supervisión activa.** Se realiza un seguimiento en tiempo real de las aplicaciones que utilizan la red 5G.

    ◉ **Rendimiento y disponibilidad.** Se evalúa el rendimiento de las aplicaciones y se verifica la disponibilidad para garantizar un funcionamiento óptimo.

⮂ **Dispositivos:**

- ⟲ **Identificación y autenticación.** Se controla la identidad y autenticación de los dispositivos que se conectan a la red.
- ⟲ **Seguridad del dispositivo.** Se verifica la conformidad con políticas de seguridad y se detectan posibles amenazas.

⮂ **Arquitectura del sistema:**

- ⟲ **Nodos virtuales.** Dado que nodos críticos se virtualizan, se monitorea su rendimiento y seguridad.
- ⟲ **Flujo de datos.** Se analiza el flujo de datos en toda la arquitectura para identificar posibles anomalías o intrusiones.

La virtualización de nodos críticos en la tecnología 5G significa que funciones clave, como servicios de red y almacenamiento, son representados ahora por un *software*. Esto hace que la evaluación continua de la seguridad sea vital debido a los siguientes aspectos:

Dinamismo de nodos virtuales
Al ser *software*, los nodos virtuales pueden cambiar dinámicamente, y su seguridad debe evaluarse constantemente para adaptarse a posibles amenazas.

Riesgos emergentes
La virtualización introduce nuevos riesgos de seguridad, como vulnerabilidades en el *software* o configuraciones incorrectas, que deben ser detectados y mitigados de manera proactiva.

Adaptación a amenazas evolutivas
La evaluación continua permite adaptarse a las amenazas en evolución, brindando una defensa robusta contra ataques y garantizando la integridad y confidencialidad de la red 5G.

 IMPORTANTE

La monitorización continua de extremo a extremo y la evaluación de seguridad son prácticas esenciales para garantizar la fiabilidad y resistencia de la red 5G en un entorno dinámico y virtualizado.

3.2. Diferencias entre 4G y 5G

Para comprender completamente la red 5G es esencial compararla con la red 4G, su predecesora. Las diferencias clave entre ambas generaciones se centran en conceptos ya tratados, y en los que se profundizarán un poco más a través de una sencilla comparativa:

Velocidad	Mientras que las redes 4G ofrecen velocidades de descarga de hasta 100 megabits por segundo, las redes 5G pueden superar el gigabit por segundo en condiciones ideales. Esto supone que la red 5G es aproximadamente 10 veces más rápida que su red predecesora.
Latencia	Las redes 4G tienen una latencia típica de alrededor de 30 ms. Esta latencia es adecuada para la mayoría de las aplicaciones. En contraste, las redes 5G reducen la latencia a tan solo 1 ms, lo que significa que es esencial para ese tipo de aplicaciones en tiempo real y que pueden ser críticas.
Capacidad	Las redes 5G están diseñadas para manejar una mayor densidad de dispositivos por kilómetro cuadrado en comparación con las redes 4G. Esto es especialmente importante para entornos urbanos densamente poblados y para la creciente IoT.

 SABÍAS QUE...

La 5G tiene la capacidad de manejar grandes volúmenes de datos. Esta particularidad radica en varias características técnicas que son clave de esta tecnología de comunicación de quinta generación: mayor ancho de banda, mayor velocidad de descarga, baja latencia, uso de técnicas avanzadas de modulación, y la 5G introduce una arquitectura de red más avanzada, moderna y flexible.

- **Mayor ancho de banda.** La 5G opera en frecuencias más altas que sus predecesoras, lo que permite un mayor ancho de banda. Esta capacidad ampliada permite la transmisión simultánea de más datos, facilitando la gestión de grandes volúmenes de información.
- **Mayor velocidad de descarga.** La 5G ofrece velocidades de descarga significativamente más rápidas en comparación con las tecnologías anteriores.

Continúa en página siguiente >>

<< Viene de página anterior

Esto permite la transferencia rápida de datos entre dispositivos y servidores, facilitando el manejo eficiente de grandes cantidades de información.

- **Menor latencia.** La baja latencia de la 5G, es decir, el tiempo que tarda en transmitirse un paquete de datos desde el emisor hasta el receptor contribuye a la rápida respuesta de las aplicaciones y servicios. Esto es esencial al manejar grandes volúmenes de datos en tiempo real, como en el caso de la realidad virtual o la transmisión de video de alta calidad.
- **Uso de tecnologías avanzadas de modulación.** La 5G utiliza técnicas avanzadas de modulación para comprimir y descomprimir datos de manera eficiente. Esto maximiza la eficacia del espectro de frecuencias y aumenta la capacidad general de la red para manejar grandes flujos de datos.
- **Son redes de nueva arquitectura.** La 5G introduce una arquitectura de red más avanzada y flexible, que incluye la implementación de tecnologías como la red de acceso por radio (RAN) virtualizada y la computación en el borde. Estas características permiten un procesamiento de datos más cercano al usuario final, reduciendo la congestión de la red y mejorando la capacidad para gestionar grandes cantidades de datos de manera eficiente.

3.3. Principales actores involucrados en la implementación de la tecnología 5G

La **implementación de las redes 5G** es un esfuerzo colaborativo que involucra a diversos actores. Estos van desde proveedores de servicios de telecomunicaciones hasta fabricantes de equipos y organismos reguladores:

- ⮑ **Proveedores de servicios de telecomunicaciones.** Empresas como Verizon, AT&T, y Telefónica están desplegando redes 5G en todo el mundo, ofreciendo servicios de conectividad 5G a los consumidores y empresas.
- ⮑ **Fabricantes de equipos.** Empresas como Nokia, Ericsson, y Huawei están desarrollando la infraestructura de red necesaria para habilitar las redes 5G. Esto incluye estaciones base, antenas y equipamiento central.
- ⮑ **Reguladores y Gobiernos.** Los reguladores gubernamentales desempeñan un papel clave al asignar espectro de frecuencia para las redes 5G y establecer estándares de seguridad y cumplimiento normativo.
- ⮑ **Empresas de tecnología.** Empresas como Qualcomm e Intel están desarrollando componentes y tecnologías clave, como **chips** y **módems,** que permiten la conectividad 5G en dispositivos móviles.

NOTA

La implementación de las redes 5G es un esfuerzo colaborativo a nivel global. Estos actores trabajan en conjunto para llevar la conectividad 5G a hogares y organizaciones, permitiendo una nueva era de aplicaciones y servicios móviles avanzados.

---

4. Identificación de oportunidades de mercado y nuevas profesiones

☞ HILO CONDUCTOR

Con su conocimiento sobre las redes 5G en aumento, Marta, Carlos, Ana y Luis comenzaron a explorar las oportunidades de mercado que surgían en este nuevo panorama tecnológico. Se dieron cuenta de que el 5G estaba creando una demanda creciente de profesionales en áreas como la gestión de redes, el desarrollo de aplicaciones y la ciberseguridad. Estaban emocionados por las proyecciones de carreras en constante evolución y estaban listos para adentrarse en este emocionante mundo laboral.

Con la implementación de las redes 5G se está abriendo un amplio abanico de oportunidades laborales.

Las redes 5G está dando lugar a la creación de nuevas profesiones y roles especializados.

A continuación, se explorarán las diversas oportunidades de negocio que está generando el 5G en diferentes sectores, además de conocer las nuevas profesiones emergentes que están tomando forma en el contexto de las redes 5G. Finalmente, se analizará el impacto económico y laboral que esta tecnología está produciendo en todo el mundo.

4.1. Oportunidades de negocio en diferentes sectores

El despliegue de las redes 5G está generando oportunidades en una amplia gama de sectores productivos. Algunos de los ámbitos en los que más se están aprovechando las ventajas del 5G son las siguientes:

Industria
La red 5G habilita la automatización industrial avanzada, lo que permite mejorar la eficiencia y la productividad en la fabricación. Esto incluye, por ejemplo, el uso de robots autónomos y sistemas de control remoto.

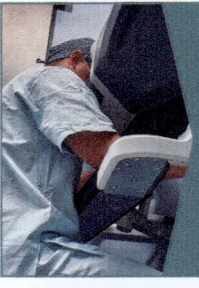
Salud
En el sector de la salud, el 5G permite la telemedicina de alta calidad. Este salto cualitativo facilita la atención médica sin que el especialista y el paciente se encuentren en el mismo lugar (medicina a distancia) y la cirugía asistida por robot. Además, la monitorización de pacientes y la gestión de datos médicos se benefician notablemente de la conectividad que ofrece la red 5G.

Transporte
La red 5G es fundamental para la conectividad de vehículos autónomos. Esto, sin duda, cambiará la forma en que las personas y mercancías se desplazan de un lugar a otro. También se utiliza en sistemas de transporte inteligente para mejorar la seguridad y la gestión del tráfico.

Entretenimiento y medios
La transmisión de contenido en 4K y 8K se beneficia de las velocidades de descarga ultrarrápidas que ofrece la red 5G. Con ello se brinda a los consumidores experiencias de entretenimiento de alta calidad.

Continúa en página siguiente >>

<< Viene de página anterior

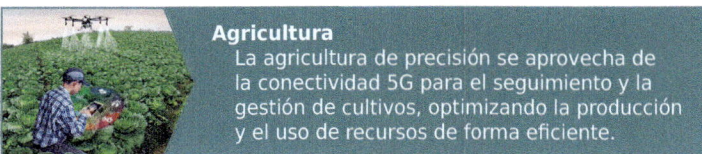

Agricultura
La agricultura de precisión se aprovecha de la conectividad 5G para el seguimiento y la gestión de cultivos, optimizando la producción y el uso de recursos de forma eficiente.

4.2. Las nuevas profesiones y roles especializados

La llegada de las redes 5G ha dado lugar a la creación de nuevas profesiones y roles especializados:

- **Ingeniero de redes 5G.** Profesionales encargados de diseñar, implementar y mantener redes 5G.
- **Desarrollador de aplicaciones 5G**. Personas que crean aplicaciones y servicios optimizados para la conectividad 5G.
- **Especialista en ciberseguridad de 5G**. Expertos en la protección de redes y datos en el contexto de la 5G, ya que la seguridad es una preocupación crítica.
- **Ingeniero de sistemas de iot**. Profesionales que diseñan y gestionan sistemas de la Internet de las Cosas, que dependen en gran medida de la conectividad 5G.
- **Técnico de telemedicina**. Especialistas que facilitan la telemedicina y la atención médica remota utilizando la tecnología 5G.

 ## ACTIVIDAD COMPLEMENTARIA

3. Con idea de fomentar la creatividad y el pensamiento prospectivo, explora en la web y propón profesiones que podrían surgir con la implementación generalizada de las redes 5G. Para ello, sigue los siguientes pasos:

   1. Investiga sobre las capacidades y aplicaciones previstas de las redes 5G.
   2. Familiarízate con los sectores que se espera que experimenten un gran impacto.
   3. Reflexiona sobre cómo la tecnología 5G podría transformar la forma en que vivimos, trabajamos y nos comunicamos.
   4. Piensa en desafíos actuales que podrían abordarse o nuevas oportunidades que podrían surgir con la llegada del 5G.

Continúa en página siguiente >>

<< Viene de página anterior

5. Propón al menos tres profesiones del futuro que podrían emerger con la implementación generalizada de las redes 5G.
6. Considera tanto profesiones completamente nuevas como profesiones ya existentes que podrían evolucionar y transformarse significativamente debido al impacto del 5G.
7. Para cada profesión propuesta describe en detalle las responsabilidades, las habilidades requeridas, el entorno de trabajo y los posibles beneficios para la sociedad.
8. Comparte tus propuestas con el grupo y escucha las ideas de tus compañeros.
9. Discute cómo estas profesiones del futuro podrían contribuir al avance tecnológico y social.
10. Reflexiona sobre cómo la implementación del 5G no solo crea nuevas oportunidades profesionales, sino también desafíos éticos y sociales que podrían surgir.

4.3. Análisis del impacto económico y laboral de la adopción de la tecnología 5G

La adopción generalizada de la tecnología 5G está teniendo un impacto significativo en la economía y en el empleo a nivel global. Entre los aspectos clave a considerar se encuentran los siguientes:

Crecimiento económico
La implementación de la 5G impulsa la innovación y la eficiencia en los sectores mencionados anteriormente en el apartado anterior, lo que a su vez estimula el crecimiento económico.

Creación de empleo
La demanda de profesionales con conocimientos en 5G está en constante aumento, debido a ello, se están creando oportunidades laborales en áreas como la **tecnología de la información (TIC),** las telecomunicaciones y la ingeniería.

Continúa en página siguiente >>

<< Viene de página anterior

Inversión en infraestructura
La implementación de las redes 5G requiere inversiones significativas en infraestructura, como consecuencia, impulsa el empleo en la construcción y el mantenimiento de redes.

Competitividad global
Los países que lideran en la adopción de la 5G están ganando ventajas competitivas en la economía global y se están posicionando como líderes en innovación tecnológica.

IMPORTANTE

Las oportunidades de mercado y las nuevas profesiones que están surgiendo en el contexto de las redes 5G están transformando el mundo, emergiendo pues emergen nuevos paradigmas económicos, empresariales y laborales. Estos cambios constatan que esta tecnología es una fuerza impulsora en la sociedad moderna.

- -

5. Verticalización del 5G. Ámbitos de aplicación

☞ HILO CONDUCTOR

La historia de Marta, Carlos, Ana y Luis continuó con un enfoque en la verticalización del 5G. Aprendieron cómo esta tecnología estaba transformando una variedad de sectores, desde la medicina y la industria hasta el entretenimiento y las ciudades inteligentes. Se sorprendieron al descubrir cómo el 5G permitía soluciones específicas en cada campo y cómo las empresas estaban aprovechando estas oportunidades para mejorar la eficiencia y la calidad de vida.

- -

El 5G es una tecnología que trasciende la mera conectividad móvil y tiene un impacto significativo en una amplia variedad de sectores y áreas de aplicación. La **verticalización del 5G** busca adaptar las capacidades de la red 5G a aplicaciones y casos de uso específicos en diferentes sectores, optimizando así la infraestructura para satisfacer las demandas particulares de cada industria.

RECUERDA

El beneficio más importante de la conectividad móvil impulsada por el 5G es su capacidad para proporcionar velocidades de conexión ultrarrápidas y una menor latencia. Esto permite una experiencia de usuario más fluida y rápida en aplicaciones como *streaming* de alta definición, juegos *online*, videollamadas y la habilitación de tecnologías avanzadas como el Internet de las Cosas (IoT) y la realidad aumentada.

Ahora, toca analizar los diversos ámbitos en los que el 5G está desempeñando un papel fundamental. Este análisis llevará a descubrir cómo esta tecnología habilita soluciones específicas en cada sector a través de casos de éxito en la implementación de 5G en diferentes industrias.

SABÍAS QUE...

El concepto de verticalización del 5 hace referencia a la adaptación y personalización de las redes 5G para satisfacer las necesidades y requisitos específicos de diversas industrias o sectores. En lugar de ofrecer una solución genérica para todos los casos de uso, se propone dicha personalización. En otras palabras, implica la capacidad de personalizar y optimizar las redes 5G para aplicaciones y servicios particulares en diferentes verticales o sectores de la industria.

Hay que destacar que, la tecnología 5G está diseñada para ofrecer velocidades de conexión ultrarrápida, menor latencia y mayor capacidad de conexión simultánea, lo que la hace adecuada para una amplia gama de aplicaciones más allá de la conectividad de dispositivos móviles. La verticalización del 5G reconoce que diferentes sectores, como la salud, la manufactura, el transporte, la agricultura, etc., tienen requisitos y desafíos únicos.

Continúa en página siguiente >>

<< Viene de página anterior

Al adaptar y personalizar las redes 5G para satisfacer estas necesidades específicas se pueden habilitar aplicaciones y servicios más eficientes y especializados. Por ejemplo:

- En la industria de la salud, el 5G puede utilizarse para habilitar la telesalud, cirugías remotas asistidas por robots, o la transmisión rápida de datos médicos críticos.
- En el sector manufacturero, el 5G puede respaldar la conectividad de la Internet de las cosas (IoT) para mejorar la automatización y la eficiencia en las cadenas de producción.

5.1. Diversos ámbitos de aplicación de la tecnología 5G

El 5G está impulsando nuevos paradigmas. Esto significa que está transformando múltiples ámbitos de la sociedad y la economía. Por ejemplo, el 5G está desempeñando un papel crucial en el desarrollo de la **inteligencia artificial (IA)** al potenciar diversas aplicaciones y sectores.

A continuación, se destacan algunos ejemplos de cómo el despliegue del 5G está influyendo en la integración de la IA en diferentes sectores:

- **Salud.** En el sector de la salud, el 5G facilita la transmisión rápida y segura de grandes cantidades de datos, como imágenes médicas de alta resolución y datos de monitoreo en tiempo real. Esto permite la implementación de sistemas de IA para el diagnóstico médico, el análisis de imágenes médicas y la gestión eficiente de la atención clínica y hospitalaria.
- **Industria.** La combinación de 5G e IA en entornos industriales da lugar a la **Industria 4.0.** La conectividad ultrarrápida y la baja latencia del 5G son fundamentales para habilitar aplicaciones de IA en tiempo real, como el mantenimiento predictivo de maquinaria, la optimización de procesos de fabricación y la automatización avanzada.
- **Ciudades inteligentes.** En el desarrollo de ciudades inteligentes, el 5G impulsa la implementación de sistemas de IA para el monitoreo y la gestión eficiente de recursos, como el tráfico, la energía y la gestión de residuos. La conectividad mejorada permite la recopilación y análisis de datos en tiempo real para tomar decisiones de valor basadas en información.
- **Vehículos autónomos.** El 5G es esencial para la comunicación entre vehículos autónomos y la infraestructura circundante. Facilita la transmisión

instantánea de datos críticos para la toma de decisiones en tiempo real, lo que resulta ser vital para la seguridad y la eficiencia de los vehículos autónomos que emplean sistemas avanzados de IA.

- **Educación.** En el ámbito educativo, el 5G permite la entrega de contenidos educativos en tiempo real y la participación en experiencias de aprendizaje con **realidad virtual y aumentada.** La combinación de 5G e IA puede mejorar la personalización del aprendizaje y facilitar la tutorización online utilizando sistemas de IA.
- **Agricultura inteligente.** El 5G facilita la implementación de soluciones de IA en la agricultura, como el monitoreo y control remoto de cultivos. Esto encierra el uso de drones y sensores conectados para recopilar datos que alimentan **algoritmos de IA,** optimizando así la gestión agrícola y mejorando los rendimientos de los cultivos.

IMPORTANTE

El 5G desempeña un papel crucial en el avance de la Inteligencia Artificial al proporcionar la conectividad necesaria para la transmisión rápida de datos y el soporte de aplicaciones en tiempo real en una variedad de sectores. La combinación de estas dos tecnologías está impulsando la innovación y transformando la manera en que se interactúa con el mundo digital y físico.

5.2. Cómo el 5G habilita soluciones específicas en cada sector

El 5G no solo se aplica de manera uniforme en todos estos ámbitos, sino que habilita soluciones específicas para abordar desafíos particulares en cada sector. Prueba de ello es observable en los siguientes ejemplos:

Industria	El 5G permite la comunicación de máquina a máquina (M2M) y la automatización avanzada, lo que permite mejorar la eficiencia y la calidad de la producción de productos en la industria.

Continúa en página siguiente >>

<< Viene de página anterior

Salud	La baja latencia del 5G es una característica fundamental principalmente para aplicaciones médicas que se realizan en tiempo real. La telecirugía es un buen ejemplo, lo mismo que la monitorización de pacientes con salud crítica.
Ciudades inteligentes	La conectividad 5G es otra característica clave que permite la implementación de sensores y dispositivos IoT, los cuales recopilan datos, que una vez transformados en información de valor, sirven para mejorar la gestión urbana.
Transporte	Igualmente, la conectividad 5G permite una comunicación instantánea entre vehículos y la infraestructura a través de las cuales estos circulan. Este aspecto es crítico para la seguridad y la eficiencia del transporte ya sea terrestre, aéreo o por mar.
Agricultura	El 5G posibilita la monitorización de cultivos y la gestión de la maquinaria agrícola de manera más precisa y eficiente.

5.3. Casos de éxito en la implementación de 5G en diferentes industrias

Para comprender completamente cómo el 5G está cambiando estos sectores, es importante analizar casos de éxito en su implementación, por ejemplo:

- **Empresas manufactureras.** Está utilizando 5G para mejorar la automatización y la gestión de la cadena de suministro, lo que se traduce en una producción más eficiente y una mayor calidad de productos. Igualmente, la conectividad 5G ha facilitado la sincronización precisa de robots y maquinaria, optimizando todo el proceso de fabricación.
- **Hospitales y clínicas.** Están aprovechando la 5G para realizar cirugías asistidas por robot y consultas médicas a distancia, lo que permite un acceso más amplio a la atención médica de calidad. Gracias a la baja latencia del 5G, los cirujanos pueden realizar procedimientos quirúrgicos de manera remota con precisión milimétrica, y los profesionales de

la salud pueden supervisar y responder instantáneamente a cambios en los signos vitales de los pacientes.

- **Ciudades como Barcelona y Singapur.** Están implementando soluciones de 5G para mejorar la gestión del tráfico, reducir la contaminación y brindar servicios urbanos más inteligentes. Por ejemplo, los sensores de tráfico conectados permiten ajustes instantáneos en los semáforos para optimizar el flujo de vehículos, reduciendo los tiempos de congestión y mejorando la movilidad y salud medioambiental.

- **Pruebas de vehículos autónomos.** Con tecnología 5G se están llevando a cabo en diversas ubicaciones del mundo, con la visión de mejorar la movilidad y la seguridad vial. Los vehículos, además, pueden comunicarse entre sí para evitar colisiones, y la infraestructura puede enviar actualizaciones en tiempo real sobre condiciones de tráfico, optimizando las rutas y reduciendo los tiempos de viaje.

- **Agricultores.** En varios países están utilizando 5G para implementar la agricultura de precisión, lo que se traduce en una mayor eficiencia y una menor huella ambiental. Los sensores conectados a los cultivos recopilan datos sobre la humedad del suelo, las condiciones climáticas y el estado de las siembras. Esto permite una gestión más precisa y eficiente de la irrigación y el uso de maquinaria agrícola, mejorando los rendimientos y reduciendo el desperdicio de recursos.

 **NOTA**

Estos casos de éxito ilustran cómo el 5G está transformando sectores enteros y cómo estas redes brindan soluciones innovadoras a desafíos específicos en cada uno de ellos.

6. Análisis de casos de uso de 5G

👉 HILO CONDUCTOR

Siguiendo su aventura en el mundo del 5G, Marta, Carlos, Ana y Luis exploraron ejemplos concretos de aplicaciones y casos de uso de esta tecnología. Descubrieron cómo el 5G impulsaba la innovación en áreas cómo la telemedicina, la realidad virtual, los vehículos autónomos y la transmisión de vídeo de alta

Continúa en página siguiente >>

<< Viene de página anterior

calidad. A través de estos ejemplos, se dieron cuenta de cómo el 5G estaba transformando la vida cotidiana y brindando nuevas experiencias a las personas.

La tecnología 5G está impulsando una ola de innovación en diversos campos y habilitando una amplia gama de aplicaciones y casos de uso. En este apartado exploraremos ejemplos concretos de aplicaciones de la tecnología 5G, analizaremos cómo esta tecnología está impulsando la innovación en áreas como el IoT, la realidad virtual, los vehículos autónomos, etc., y evaluaremos el impacto de estos casos de uso en la vida diaria de las personas, así como en la industria.

6.1. Ejemplos concretos de aplicaciones de la tecnología 5G

La tecnología 5G está impulsando una serie de aplicaciones innovadoras en diferentes sectores. Ya se ha dicho que el IoT o Internet de las Cosas, se vale del 5G para contar con una conectividad masiva de dispositivos con esta tecnología. Por ejemplo, en la agricultura, los sensores conectados pueden proporcionar datos en tiempo real sobre las condiciones del suelo y las plantas. Lo mismo ocurre con la realidad virtual y la aumentada y otras aplicaciones. Sin embargo, es importante conocer ejemplos más concretos sobre los que se avecina en relación a estas tecnologías.

La implantación de la tecnología 5G permite a los agricultores organizar una gestión eficaz de la producción, dando lugar a lo que se conoce como agricultura inteligente.

 **VÍDEO**

En el marco del 36º Encuentro de la Economía Digital y las Telecomunicaciones de AMETIC, se llevó a cabo una mesa redonda enfocada en conocer más sobre la conectividad inteligente y las redes 5G. Escanea el siguiente QR para acceder y conocer estos conceptos:

https://redirectoronline.com/ifcd990202

6.2. Cómo el 5G impulsa la innovación en áreas específicas

El 5G impulsa la innovación de manera significativa en diversas áreas específicas gracias a sus características distintivas. El 5G, es un habilitador fundamental de la innovación en las áreas mencionadas en apartados anteriores.

 PARA SABER MÁS

Escanea el siguiente QR para acceder al artículo donde se pone de manifiesto numerosas publicaciones relacionadas con la innovación en diferentes áreas, entre las que destaca un artículo titulado de la siguiente manera:

https://redirectoronline.com/ifcd990203

6.3. Impacto de estos casos de uso en la vida cotidiana y la industria

La aplicación de la tecnología 5G tiene un impacto significativo en la industria, pero también en el día a día de las personas:

Educación remota
- La tecnología 5G posibilita experiencias educativas más inmersivas y accesibles. Clases en tiempo real, interacción con contenido multimedia avanzado y colaboración en línea se vuelven más fluidas, mejorando la calidad de la educación a distancia.

Entretenimiento extendido
- El 5G transforma la experiencia de entretenimiento con la transmisión de contenidos en ultra alta definición (UHD), realidad aumentada (AR) aplicada a juegos y eventos en vivo, brindando a los usuarios una inmersión más completa y envolvente.

Realidad aumentada en compras
- El 5G transforma la experiencia de compra mediante aplicaciones de realidad aumentada. Los usuarios pueden visualizar productos en 3D, probar virtualmente ropa y accesorios antes de comprar, llevando el comercio electrónico a un nivel mucho más interactivo.

Teletrabajo o trabajo en remoto
- El 5G tiene un impacto significativo en el teletrabajo al ofrecer una conectividad más rápida y confiable. Además, permite la adopción más amplia de herramientas y tecnologías avanzadas, una comunicación síncrona permitiendo mejorarla colaboración y la eficacia en el trabajo remoto.
- Estos ejemplos ilustran cómo el 5G no solo impacta en la industria, sino que también cómo impacta en un Sociedad en la vida de sus ciudadanos.

7. Aplicación al teletrabajo y puesto de trabajo digital

☞ HILO CONDUCTOR

Con el 5G en mente, Marta, Carlos, Ana y Luis se centraron en el teletrabajo y en el puesto de trabajo digital. Comprendieron cómo esta tecnología permitía una mayor flexibilidad en la forma en que las personas trabajan y se conectan. Investigaron herramientas y tecnologías que aprovechaban el 5G en el entorno laboral, permitiendo la colaboración remota y la productividad mejorada. Se dieron cuenta de que el 5G estaba transformando la definición misma del lugar de trabajo.

El **teletrabajo** se ha convertido en una práctica cada vez más común y el despliegue de la tecnología 5G está desempeñando un papel crucial en la implantación de este nuevo modelo laboral. Descubrir cómo el 5G hace posible el teletrabajo y la creación de puestos de trabajo digitales es el objetivo de este apartado, para ello, se han de identificar las herramientas y tecnologías que aprovechan las redes 5G en el entorno profesional y analizar los desafíos y beneficios del trabajo en remoto que proporciona un entorno 5G.

El teletrabajo ayuda a disminuir el estrés y aumentar la productividad.

7.1. Cómo el 5G facilita el teletrabajo y la creación de puestos de trabajo digitales

El teletrabajo, también conocido como **trabajo remoto o trabajo a distancia,** hace referencia a la modalidad laboral en la que las personas empleadas de una organización, realizan sus tareas y cumplen con sus responsabilidades laborales fuera de las instalaciones físicas tradicionales de la empresa. Este modelo implica el uso de **tecnologías de la información y comunicación** para llevar a cabo las funciones laborales, permitiendo a las personas trabajadoras realizar sus tareas desde ubicaciones remotas, como el hogar o cualquier otro lugar fuera de la oficina central.

NOTA

El teletrabajo ha ganado relevancia con la digitalización y la disponibilidad de herramientas que facilitan la colaboración en línea.

- -

Sin duda, y gracias a las características del 5G, estas redes habilitan el teletrabajo y la creación de **puestos de trabajo digitales** de diversas maneras:

Conectividad rápida y estable
El 5G proporciona velocidades de conexión ultrarrápidas y una menor latencia. Esto permite la realización de tareas en tiempo real y la colaboración a distancia sin prácticamente interrupciones.

Acceso a recursos en la nube
La fuerza del teletrabajo radica principalmente en el acceso a documentos y aplicaciones en basadas en la nube, por lo que el 5G garantiza una conectividad constante para acceder a estos recursos en cualquier lugar.

Comunicación unificada
Las videoconferencias y las llamadas en línea son aspectos fundamentales para el ejercicio del teletrabajo, y el 5G posibilita una comunicación de alta calidad y sin complicaciones.

Continúa en página siguiente >>

<< Viene de página anterior

> **Seguridad de datos**
> El protocolo de comunicación de las redes 5G brinda seguridad adicional a las comunicaciones en línea y a la transferencia de datos. Este aspecto es clave para proteger la información empresarial.

 **EJEMPLO**

Imagina a Laura, una profesional que realiza teletrabajo para una empresa internacional. Gracias al despliegue del 5G, su experiencia laboral se ha transformado de manera significativa:

- Laura puede realizar reuniones virtuales sin problemas de conexión. La velocidad ultrarrápida del 5G garantiza que las presentaciones en tiempo real y la colaboración en documentos compartidos fluyan sin interrupciones. De esta manera, se mejora la eficiencia y la calidad de la interacción con sus compañeros que están distribuidos por distintas áreas geográficas.
- Con el 5G, Laura accede a documentos y aplicaciones en la nube continuamente para poder realizar su trabajo. No importa dónde ella se encuentre geográficamente. Laura puede editar archivos, compartir información y colaborar en proyectos como si estuviera en la central. En definitiva, el teletrabajo impulsado por esta tecnología le brinda flexibilidad para desarrollar sus tareas desde casa, cafeterías o cualquier otro lugar remoto.
- Las videoconferencias y llamadas *online* son parte integral del día laboral de Laura. El 5G asegura una comunicación de alta calidad, permitiéndole participar en reuniones virtuales con claridad una excelente calidad de audio y también de vídeo. Esta circunstancia, fortalece la conexión con sus colaboradores, a pesar de la distancia física.
- La seguridad de los datos es una prioridad para la empresa de Laura. El protocolo de comunicación del 5G proporciona capas adicionales de seguridad muy superiores a las redes antecesoras. Esto, protege las comunicaciones en línea y la transferencia de paquetes de datos. De esta manera, y con este atributo, es posible aportar mayores garantías para mantener la confidencialidad y la integridad de la información empresarial.

El desarrollo y la implementación de nuevas tecnologías, incluida la conectividad 5G, ha dado lugar al nacimiento de diversas profesiones que

se adaptan y aprovechan estos avances. Algunas de las profesiones que han surgido o se han vuelto más prominentes gracias a la conectividad que ofrecen las redes 5G y las tecnologías asociadas son las siguientes:

- **Ingenieros de Red 5G.** Son profesionales especializados en diseñar, implementar y mantener redes 5G, asegurando su eficiencia y seguridad.
- **Personas expertas en ciberseguridad.** Dada la mayor cantidad de datos transmitidos a través de redes 5G, la demanda de expertos en ciberseguridad ha aumentado para proteger la información contra posibles amenazas cibernéticas.
- **Desarrolladores de aplicaciones IoT.** Con la proliferación del Internet de las cosas o IoT habilitado por la conectividad 5G, los profesionales desarrolladores que pueden crear aplicaciones para dispositivos IoT tienen una demanda creciente.
- **Analistas de datos en tiempo real.** La baja latencia de las redes 5G permite el procesamiento de datos en tiempo real. Esto ha llevado a un aumento en la demanda de profesionales que pueden analizar datos de manera instantánea para tomar decisiones rápidas y eficaces.
- **Especialistas en *Edge Computing*.** La informática perimetral, denominada *Edge Computing,* es clave en un entorno 5G. Profesionales que pueden optimizar el procesamiento de datos en el borde de la red están en alta demanda.
- **Especialistas en realidad aumentada (AR) y realidad virtual (VR).** La mayor velocidad y capacidad de las redes 5G permiten experiencias totalmente inmersivas, esto impulsa la demanda de profesionales que pueden desarrollar contenido en estos formatos.
- **Profesionales de desarrollo de infraestructura.** Para implementar eficientemente redes 5G, se necesitan profesionales que pueden diseñar, construir y mantener la infraestructura física necesaria.
- **Personas expertas en optimización de redes.** A medida que las redes 5G evolucionan, se necesitan profesionales que puedan optimizar y mejorar continuamente su rendimiento.

 IMPORTANTE

Estas nuevas profesiones reflejan la naturaleza cambiante del panorama laboral, donde la conectividad avanzada y las tecnologías emergentes están dando forma a roles especializados para satisfacer las demandas de la era digital con empleos de futuro.

Expertos en biometría

Numerosos estudios destacan el crecimiento significativo del mercado de **sistemas biométricos,** que se espera que aumente a 83.000 millones en 2027, con una tasa de crecimiento anual cercana al 20 %.

La biometría implica el reconocimiento único de individuos basado en rasgos físicos o conductuales. Se utiliza para la identificación y el control de acceso en informática.

Los rasgos físicos incluyen:

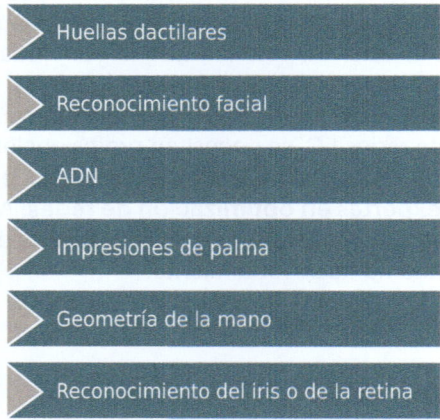

- Huellas dactilares
- Reconocimiento facial
- ADN
- Impresiones de palma
- Geometría de la mano
- Reconocimiento del iris o de la retina

Por otro lado, los rasgos conductuales están vinculados a patrones de comportamiento, como:

- El ritmo al andar

Continúa en página siguiente >>

<< Viene de página anterior

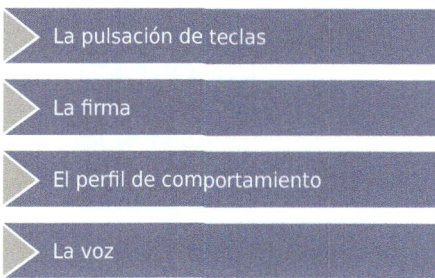

La relación de la biometría con el 5G radica en la continua evolución de esta ciencia de datos en entornos cotidianos. Buen ejemplo de ello es el reconocimiento facial y de huellas dactilares en el uso de los *smartphones,* que son cada vez más comunes.

Además, hay iniciativas innovadoras, como el proyecto piloto en Madrid que desde septiembre de 2019, los usuarios de autobuses pueden pagar mediante reconocimiento facial, eliminando la necesidad de llevar tarjetas o dinero físico.

Sin embargo, en este aspecto hay que destacar algunos desafíos, como el uso de *deepfakes* (noticias falsas) para eludir los sistemas de reconocimiento. Esto subraya la importancia de contar con **profesionales técnicos** que puedan desarrollar **sistemas biométricos seguros y resistentes,** lo cual es vital en un entorno tecnológico en constante cambio, como el impulsado por la conectividad 5G.

PARA SABER MÁS

Escanea el siguiente QR si quieres saber más sobre el sistema biométrico y las fases de prueba que está llevando a cabo la Comunidad de Madrid en el uso de la biometría en los autobuses de la FMT.

Continúa en página siguiente >>

<< Viene de página anterior

https://redirectoronline.com/ifcd990204

Expertos Ingenieros de software de inteligencia artificial para análisis de mercado y minería de datos

La relevancia de la **inteligencia artificial (IA)** en el ámbito de la banca, servicios financieros y seguros sugiere que este mercado alcanzará los 25 mil millones de dólares en breve. De ahí la importancia de la figura del **ingeniero de *software* de inteligencia artificial para el análisis de mercado y minería de datos.**

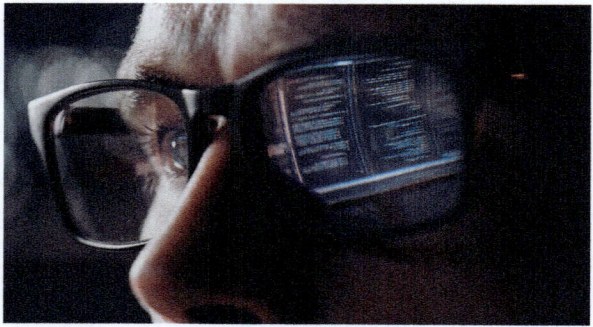

La inteligencia artificial implica la aplicación de ingeniería y ciencias computacionales para simular el razonamiento humano en máquinas o dispositivos electrónicos. Su integración en sectores como el consumidor final ha permitido comprender elementos fundamentales en la relación marca-consumidor.

SABÍAS QUE...

La capacidad de la IA para identificar estos elementos facilita la creación de vínculos emocionales con las personas consumidoras, estableciendo la base para la fidelización de la clientela.

En el contexto del análisis de mercados, la aplicación de la inteligencia artificial brinda a las empresas la capacidad de comprender a sus consumidores a un nivel más profundo, abriendo oportunidades para mejorar la relación marca-consumidor. El objetivo es crear un vínculo emocional que no solo atraiga a los consumidores, sino que también genere beneficios a través de esa conexión.

Relacionando todo esto con el 5G, la IA se beneficia de una conectividad más rápida y confiable para procesar grandes cantidades de datos en tiempo real.

IMPORTANTE

La implementación del 5G puede potenciar las capacidades de la inteligencia artificial en diversos sectores, incluido el análisis de mercados y la fidelización del consumidor, al proporcionar una infraestructura de red más avanzada.

Personas expertas en diseño de wearables

Los *wearables* son dispositivos electrónicos que pueden emplearse en la vestimenta o en cualquier accesorio, interactuando de manera inalámbrica con las personas usuarias o con otros dispositivos conectados.

Aunque los más comunes son relojes o pulseras electrónicas, también se pueden incluir estos dispositivos en prendas como zapatillas deportivas, gafas, etc.

Estos dispositivos tienen diversas aplicaciones, por ejemplo, un anillo desarrollado por Motiv que, a pesar de su apariencia normal, puede medir el pulso cardíaco, la calidad del sueño y las calorías quemadas durante el ejercicio. Otro ejemplo ilustrativo es un accesorio *Wearable* para medir la cantidad de luz recibida a lo largo del día, con el objetivo de ajustar el ritmo circadiano y mejorar la calidad del sueño.

 IMPORTANTE

La conectividad mejorada ofrecida por el 5G puede potenciar la funcionalidad de los wearables al facilitar la transmisión rápida y confiable de datos entre los dispositivos y las plataformas de usuarios. Esto podría permitir una mayor integración de wearables en la vida diaria de las personas, así como el desarrollo de nuevas aplicaciones y funciones que se beneficien de la velocidad y baja latencia proporcionadas por el 5G.

Personas innovadoras de realidad aumentada para el desarrollo de hologramas

Muchos estudios proyectan que el mercado de **imágenes holográficas** alcance los 3.000 millones de dólares en 2024, con un crecimiento anual del 30 %.

A diferencia de las imágenes convencionales, un holograma no es una fotografía plana, sino una representación visual que muestra la apariencia tridimensional de un objeto.

La **realidad aumentada** (**AR**) se define como la combinación del entorno físico con información digital en tiempo real, creando una experiencia en la que el usuario interactúa simultáneamente con el mundo real y digital, utilizando varios sentidos como la vista, el oído y el tacto. Los hologramas, por otro lado, son imágenes tridimensionales creadas mediante el uso de la luz y sus propiedades.

La relación de esta profesión con las redes 5G es bien sencilla. La implementación del 5G podría potenciar significativamente el desarrollo de la realidad aumentada y la proyección de hologramas. La conectividad ultrarrápida y la baja latencia del 5G son fundamentales a la hora de proporcionar experiencias de AR más inmersivas y permitir la transmisión instantánea de datos para la proyección de hologramas en tiempo real. Esto significa que los profesionales en el desarrollo de realidad aumentada, especialmente aquellos enfocados en la creación de hologramas, podrían aprovechar las capacidades mejoradas del 5G para llevar estas tecnologías a nuevos niveles y hacerlas más accesibles en diversos entornos y aplicaciones.

 SABÍAS QUE...

Para crear un holograma, se utilizan haces de luz láser para registrar la forma y la apariencia de un objeto desde diferentes ángulos. Luego, estos patrones de luz grabados se reproducen, y cuando se iluminan adecuadamente, recrean la apariencia tridimensional del objeto original. Los hologramas proporcionan una representación más realista y completa de los objetos en comparación con las imágenes bidimensionales tradicionales.

Personas expertas en el diseño de viviendas 3D *printing*

Un diseñador de viviendas con impresión 3D se encarga de crear y planificar hogares utilizando la tecnología de imprensión tridimensional.

La imprensión 3D en la construcción implica la creación de estructuras físicas mediante la adición de capas sucesivas de material.

SABÍAS QUE...

A diferencia de los métodos tradicionales que implican la eliminación de material, la impresión 3D utiliza solo el material necesario, esto mejora la eficiencia del proceso y ofrece un resultado final mucho más sostenible.

Esta tecnología de impresión 3D está siendo empleada en el sector de la construcción, especialmente para la fabricación de **viviendas asequibles.** La impresión 3D en la construcción ofrece ventajas notables en términos de reducción de tiempos de fabricación y la posibilidad de personalización a costes más bajos en comparación con los métodos de construcción convencionales. Con todo y eso, se destaca su utilidad en la **construcción rápida de viviendas temporales,** especialmente en situaciones de emergencia como desastres naturales por cambio climático.

IMPORTANTE

La profesión de diseñador de viviendas con impresión 3D podría establecer una relación directa con las redes 5G en términos de la mejora de la conectividad y de la eficiencia en la transmisión de datos. Las redes 5G, con su mayor velocidad y capacidad de procesamiento, facilitan la comunicación rápida y sin problemas entre los profesionales del diseño y las impresoras 3D utilizadas en la construcción de esas viviendas. También hay que tener en cuenta otras consideraciones como:

- Las redes 5G permitirían a los diseñadores trabajar de manera remota, accediendo y colaborando en tiempo real en modelos de viviendas tridimensionales. Esto facilita la colaboración entre expertos en diseño, arquitectos y constructores, incluso si se encuentran en ubicaciones en áreas geográficas diferentes.
- La transmisión rápida de grandes conjuntos de datos es clave en la impresión 3D. Las redes 5G podrían acelerar el proceso de envío de datos de diseño complejos a las impresoras 3D, lo que se traduce en una producción más rápida y eficiente.
- Las viviendas impresas en 3D se benefician de la capacidad de monitoreo remoto proporcionada por las redes 5G. Sensores y dispositivos conectados transmiten datos en tiempo real sobre el progreso de la construcción, la calidad de la impresión y otros aspectos relevantes para culminar el proyecto con éxito.

7.2. Herramientas y tecnologías que aprovechan el 5G en el entorno laboral

En un entorno laboral impulsado por el 5G, existen diversas herramientas y tecnologías que aprovechan esta conectividad avanzada.

A continuación se muestran algunos ejemplos:

Videoconferencia de alta definición
Plataformas como *Zoom, Microsoft Teams* y *Google Meet* aprovechan el 5G para ofrecer videoconferencias de alta calidad con resoluciones nítidas y una experiencia sin interrupciones.

Continúa en página siguiente >>

<< Viene de página anterior

Escritorios virtuales y aplicaciones en la nube
Servicios como *Amazon Web Services* (AWS) y *Microsoft Azure* permiten a las empresas acceder a escritorios virtuales y aplicaciones empresariales en la nube con la velocidad y la confiabilidad del 5G.

Herramientas de colaboración en tiempo real
Aplicaciones de colaboración como *Slack* y *Asana* utilizan la baja latencia del 5G para permitir una comunicación y colaboración en tiempo real entre equipos distribuidos.

Seguridad cibernética avanzada
Las soluciones de seguridad cibernética basadas en el 5G, como las redes privadas virtuales (VPN) y la autenticación de dos factores (2FA), garantizan la protección de los datos empresariales.

7.3. Desafíos y beneficios del teletrabajo en un entorno 5G

Aunque el teletrabajo en un entorno 5G presenta múltiples **beneficios,** igualmente muestra importantes **desafíos:**

➲ **Beneficios:**

ʘ **Flexibilidad.** Los empleados pueden trabajar desde cualquier lugar y en cualquier momento. Esta circunstancia permite mejorar el equilibrio entre el trabajo y la vida personal y familiar.

ʘ **Productividad.** La alta velocidad y la conectividad confiable del 5G permiten una mayor productividad al permitir realizar tareas de manera más eficiente.

ʘ **Reducción de costes.** Las empresas pueden ahorrar en gastos de oficina y equipos al fomentar el teletrabajo o trabajo en remoto.

➲ **Desafíos:**

ʘ **Seguridad.** La seguridad de los datos y la protección de la privacidad son preocupaciones críticas en la modalidad de teletrabajo, puesto que esta actividad se desarrolla fuera de la protección física de una empresa.

ʘ **Aislamiento.** Las personas que teletrabajan pueden experimentar aislamiento social por falta de interacción entre sus colegas de trabajo.

◗ **Gestión de equipos en remoto.** Los profesionales de la gerencia deben adaptarse a la gestión de equipos dispersos y asegurarse de que el personal siga siendo productivo.

El 5G ha transformado la forma en la que se trabaja y ha hecho posible el teletrabajo y la creación de puestos digitales. Si bien presenta desafíos, los beneficios son significativos, y esta tendencia continuará influyendo en la forma en que las empresas organizan su fuerza laboral en el futuro.

SABÍAS QUE...

Uno de los desafíos más significativos en el despliegue de cobertura del 5G es la necesidad de una infraestructura más densa de estaciones base en comparación con las generaciones anteriores de tecnología móvil, como el 4G. El 5G utiliza frecuencias de onda milimétrica (mmWave), que ofrecen velocidades extremadamente altas, pero tienen un alcance más limitado y pueden ser bloqueadas por obstáculos físicos como edificios y árboles.

Este problema de alcance más corto significa que se requieren más estaciones base para proporcionar una cobertura adecuada. Además, las ondas mmWave pueden tener dificultades para penetrar en estructuras sólidas, esto podría afectar la calidad de la señal en entornos urbanos densos o en interiores de edificios. Por lo tanto, el despliegue exitoso de una red 5G robusta implica superar estos desafíos de cobertura, lo que significa que son necesarias inversiones significativas en infraestructura y una cuidadosa planificación de la ubicación de las estaciones base para garantizar que la cobertura y el servicio sea efectivo y consistente.

- -

TAREA 2

En el dinámico mundo del emprendimiento, Juan, un apasionado desarrollador de aplicaciones, se embarcó en la creación de una *app* móvil revolucionaria que aprovechara al máximo las capacidades del 5G. Su visión era desarrollar una plataforma que integrara la Internet de las Cosas (IoT), realidad virtual (RV) y la conectividad ultrarrápida del 5G para ofrecer experiencias únicas a las personas usuarias de esta aplicación.

Continúa en página siguiente >>

<< Viene de página anterior

En base a ello, ¿cómo puede la 5G potenciar la creatividad y la innovación en el desarrollo de aplicaciones móviles que incorporan tecnologías emergentes como el IoT y la RV?

8. Resumen

Con la exploración de la evolución de las redes móviles desde sus inicios hasta la llegada del 5G se consigue destacar los hitos tecnológicos y las regulaciones clave que han marcado el camino de las comunicaciones móviles, así como la importancia que está tomando hoy en día la tecnología 5G. Una tecnología que está revolucionando la comunicación, pues ha introducido una velocidad y capacidad sin precedentes.

Analizando las características técnicas y la arquitectura de las redes 5G, se ha destacado la diferencia crucial entre el 4G y el 5G en términos de velocidad, latencia y capacidad. También se han identificado los actores clave que participan en la implementación de este tipo de tecnología, incluyendo empresas de telecomunicaciones y fabricantes de equipos.

Los distintos sectores del mercado están aprovechando las grandes oportunidades de negocio que las redes 5G ofrecen y el impacto económico y laboral en la adopción de estos protocolos de comunicación. Las nuevas profesiones y roles que surgen en el contexto de las redes 5G permiten recalcar la creación de empleos que subyacen relacionados con la implementación y el mantenimiento de la tecnología.

Con ejemplos concretos en industrias como la manufacturación, la atención médica y las ciudades inteligentes, se ha destacado cómo la 5G habilita soluciones específicas en cada sector e impulsa el éxito en estas industrias tan diversas. También se ha constatado con ejemplos concretos el impacto que produce implementar aplicaciones y tecnología 5G, y cómo el 5G impulsa la innovación y el emprendimiento en áreas como el Internet de las Cosas (IoT), la realidad virtual, los vehículos autónomos, etc.

Finalmente, se destacó que con el 5G se está potenciado el teletrabajo y la creación de puestos de trabajo digitales, destacando el uso de herramientas y tecnologías que aprovechan el potencial del 5G dentro de un entorno laboral, incluyendo en ello la optimización de las videoconferencias con la alta definición y el acceso a recursos basados en la nube.

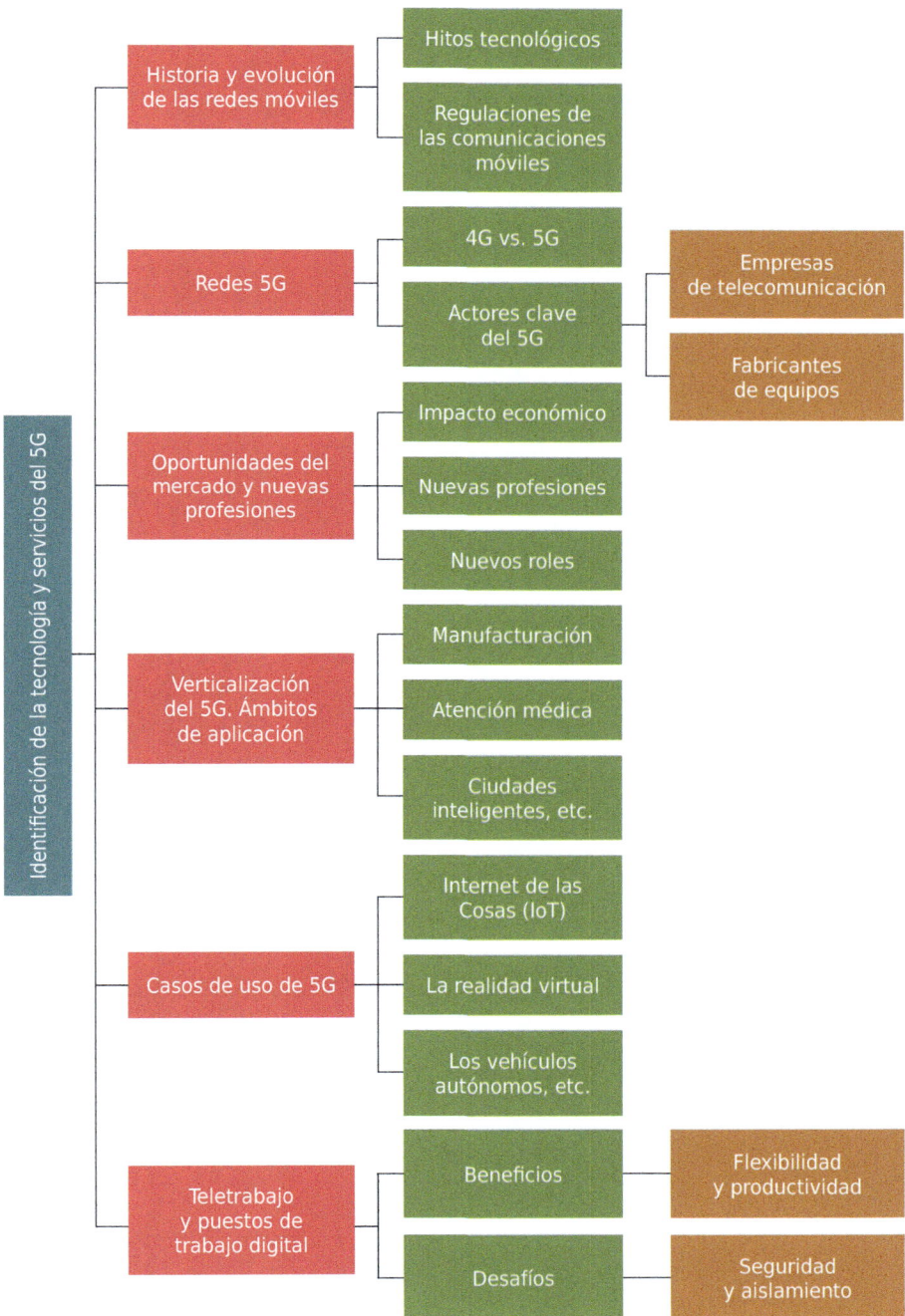

Ejercicios de autoevaluación
Unidad de Aprendizaje 2

1. Indica si las siguientes afirmaciones son verdaderas o falsas:

a. Los sistemas de información son vulnerables a diferentes tipos de amenazas y ataques que pueden afectar gravemente a la integridad, confidencialidad y disponibilidad de la información.

- ■ Verdadero
- ■ Falso

b. La seguridad de la información se basa en una serie de principios fundamentales que no tienen por qué ser considerados para garantizar que los datos estén protegidos adecuadamente.

- ■ Verdadero
- ■ Falso

c. El no repudio sirve para garantizar que la información es auténtica y que no ha sido falsificada o alterada.

- ■ Verdadero
- ■ Falso

2. ¿Qué consecuencias puede tener no dar importancia a la seguridad en la fase de diseño de un sistema de información?

a. Pérdida de datos
b. Rendimiento deficiente del sistema
c. Vulnerabilidades de seguridad
d. Falta de compatibilidad con dispositivos

3. ¿Cuál de los siguientes es un principio fundamental de la seguridad de la información?

a. Disponibilidad
b. Escalabilidad
c. Usabilidad
d. Portabilidad

4. ¿Qué se entiende por riesgos en el contexto de la seguridad de la información?

    a. Situaciones que pueden afectar negativamente a la seguridad de los sistemas.
    b. Medidas implementadas para proteger la información.
    c. *Software* malicioso utilizado para infiltrarse en sistemas.
    d. El grado de protección ofrecido por una medida de seguridad.

5. ¿Cuál es el motivo de establecer objetivos SMART a la hora de desarrollar un sistema de información?

    a. Definir los requisitos del sistema.
    b. Garantizar la disponibilidad del sistema.
    c. Establecer una dirección clara y alcanzable para el desarrollo del sistema.
    d. Mejorar la usabilidad de la interfaz de usuario.

6. ¿Qué significa el acrónimo SMART en el contexto de establecer objetivos y metas?

    a. *Specific, Measurable, Attainable, Relevant, Time-bound.*
    b. *Secure, Manageable, Adaptable, Reliable, Traceable.*
    c. *Safe, Monitored, Agile, Resilient, Timely.*
    d. *Strategic, Meaningful, Achievable, Resourceful, Targeted.*

7. ¿Qué se entiende por amenazas en el contexto de la seguridad de la información?

    a. Situaciones que pueden explotar vulnerabilidades y causar daño.
    b. Medidas implementadas para proteger la información.
    c. *Software* malicioso utilizado para infiltrarse en sistemas.
    d. El grado de protección ofrecido por una medida de seguridad.

8. ¿Cuál de las siguientes medidas de seguridad es una técnica de pruebas para verificar el rendimiento del sistema?

    a. Pruebas unitarias.
    b. Pruebas de penetración.

    c. Pruebas de carga.
    d. Pruebas de compatibilidad.

9. ¿Cuál es el propósito de la encriptación de datos en la seguridad de la información?

    a. Proteger la confidencialidad de los datos.
    b. Garantizar la integridad de los datos.
    c. Asegurar la disponibilidad del sistema.
    d. Prevenir ataques de suplantación de identidad.

10. ¿Qué se entiende por disponibilidad en el contexto de la seguridad de la información?

    a. Acceso autorizado a la información cuando sea necesario.
    b. La exactitud y completitud de los datos almacenados.
    c. La protección de los datos contra modificaciones no autorizadas.
    d. La capacidad de los sistemas de información para estar disponibles y operativos cuando se necesitan.

Glosario

Autenticación
Proceso de verificar la identidad de un usuario, dispositivo o sistema.

Backup
Copia de seguridad de datos almacenada para su recuperación en caso de pérdida o daño.

Banda C
Rango de frecuencias utilizado en aplicaciones de telecomunicaciones.

Biometría
Uso de características físicas o comportamentales únicas para autenticar la identidad, como huellas dactilares o reconocimiento facial.

Ciberseguridad
Prácticas y medidas diseñadas para proteger sistemas informáticos, redes y datos de amenazas cibernéticas.

Cifrado de clave pública
Técnica criptográfica que utiliza un par de claves para cifrar y descifrar información.

Criptografía asimétrica
Técnica criptográfica que utiliza dos claves diferentes: una para cifrar y otra para descifrar.

Disponibilidad
Garantía de que los servicios, recursos o datos están disponibles para los usuarios autorizados cuando los necesiten.

Eficiencia espectral
Medida de la capacidad de una red para transmitir datos de manera eficiente en el espectro de frecuencia.

eCPRI *(evolved common public radio interface)*
Interfaz de radio pública común evolucionada, clave para la eficacia de la arquitectura 5G.

Firewall
Dispositivo de seguridad que controla el tráfico de red basado en reglas predefinidas.

Interfaces de red 5G
Puntos de conexión que permiten la comunicación entre diferentes componentes de la red 5G.

Integridad de Datos
Garantía de que la información no ha sido alterada o modificada sin autorización.

Intrusión
Acceso no autorizado o intento de acceso no autorizado a un sistema informático.

Latencia
El tiempo que tarda un paquete de datos en viajar de la fuente al destino.

Malware
Software malicioso diseñado para dañar, acceder o tomar el control de sistemas informáticos.

Massive MIMO
Múltiple entrada, múltiple salida *(Multiple Input, Multiple Output)* a gran escala, mejora la eficiencia espectral.

No repudio
Capacidad de demostrar que una entidad realizó una acción y no puede negar haberla hecho.

Phishing
Técnica de engaño en línea utilizada para obtener información confidencial, como contraseñas y detalles de tarjetas de crédito.

Política de seguridad
Conjunto de reglas y prácticas establecidas para proteger la seguridad de la información en una organización.

Procesamiento Inteligente
Uso de algoritmos avanzados para coordinar y dirigir inteligentemente señales en la red.

Proyecto 3GPP
Proyecto de asociación de tercera generación que aborda diversas tecnologías de telecomunicaciones, incluyendo las redes 5G.

RAN (red de acceso por radio)
Parte de la red 5G que incluye estaciones base y antenas para la comunicación inalámbrica.

Reasignación para 5G
Utilización de nuevas frecuencias, como la banda C, para expandir el espectro disponible para las redes 5G.

Segmentación de red
División de la red en segmentos para mejorar el rendimiento y la seguridad.

Servicios de Datos móviles
Ofrecer servicios que permiten la transmisión de datos a través de redes móviles.

Tecnología 5G
Quinta generación de tecnologías móviles, que proporciona velocidades de descarga ultrarrápidas, baja latencia y capacidad para conectar múltiples dispositivos simultáneamente.

Virtualización de red
Creación de instancias virtuales de recursos de red para mejorar la flexibilidad y eficiencia.

Vulnerabilidades de metadatos
Puntos débiles en la información asociada a los datos transmitidos que pueden ser explotados por amenazas de seguridad.

Zero-Day
Vulnerabilidad de seguridad desconocida y sin parche en un sistema, explotada antes de que se implemente una solución.

Bibliografía

Monografías

→ COMPUTER ECONOMICS: *IT Spending & Staffing Benchmarks.* California: Computer Economics, 2019.

> Informe y análisis sobre los efectos de la adopción de nuevas tecnologías en el sector financiero europeo.

→ LÓPEZ Benítez, Y.: *Gestión de la seguridad informática en la empresa.* Antequera: IC Editorial, 2019.

> Publicación que explica cómo abordar la gestión de la seguridad informática en las organizaciones atendiendo a los principios de la seguridad de la información.

→ LÓPEZ Benítez, Y.: *Transformación digital en la empresa.* Antequera: IC Editorial, 2021.

> Publicación que versa sobre el impacto de la tecnología y cómo su adopción resulta ser clave para los procesos de transformación digital de las empresas.

→ STIGLITZ, J.: *The Revolution of Information Economics: The Past and the Future.* National Bureau of Economic Research. Cambridge: Working Paper, 2017.

> Joseph Stiglitz analiza tanto el pasado como el futuro de esta rama de la economía. La economía de la información se centra en cómo se crean, distribuyen y utilizan los a datos y la información en una economía, y cómo esto afecta a la toma de decisiones y los resultados económicos. Stiglitz es un economista destacado y ganador del Premio Nobel de Economía, y en este trabajo explora cuestiones relacionadas con la economía de la información, como el poder de mercado, la asimetría de la información y la influencia de la tecnología en la economía.

Textos electrónicos

→ Cómo asegurar tu empresa de ciberataques y conceptos básicos, de: <https://www.youtube.com/watch?v=AsYw38EDR_8>.

> Vídeo en el que se explican algunos conceptos importantes relacionados con los principios de la seguridad de la información, en el que se dan a conocer enfoques de la seguridad de los datos y políticas de protección.

→ El enfoque de Europa para el decenio digital, de: <https://espanadigital.gob.es/sites/espanadigital/files/2022-06/Br%C3%BAjula%20Digital%202030.pdf>.

> Estrategia europea de datos, con la que pretende colocar a Europa en una posición de liderazgo en lo que respecta a la economía de los datos y a la transición digital.

→ La ecuación digital, conectividad inteligente y 5G, de: <https://www.youtube.com/watch?v=4d37oO0XOJU>.

> 36º Encuentro de la Economía Digital y las Telecomunicaciones de AMETIC que se llevó a cabo a través de una mesa redonda enfocada en conocer más sobre la conectividad inteligente y las redes 5G.

→ Los nuevos modelos de negocio que llegan con el 5G, de: <https://www.expansion.com/empresas/tecnologia/2022/04/28/626a6805e5fdeae647 8b4634.html>.

> Artículo del periódico Expansión que pone de manifiesto el surgir de nuevos modelos de negocio impulsados por el 5G.

→ No es China, es Madrid: el pago facial llega en fase de pruebas a los autobuses de la EMT, de: <https://www.xataka.com/otros/no-china-madrid-pago-facial-llega-fase-pruebas-a-autobuses-emt>.

> Artículo sobre el proyecto piloto de un sistema biométrico en la Comunidad de Madrid impulsado por las redes 5G.

→ O-RAN ALLIANCE E. V., de: <https://www.o-ran.org/>.

> Sitio web de la La Alianza O-RAN *(Open Radio Access Network)* que traducido al español significa Alianza de Acceso Radio Abierto, es una iniciativa en la industria de las telecomunicaciones que promueve la desagregación y apertura de la infraestructura de acceso radioeléctrico (RAN). En términos más sencillos, busca separar y abrir las partes clave de las redes móviles, como son las estaciones base, bajo la idea de fomentar la interoperabilidad y la innovación.